●广东省普通高校人文社科重点研究基地“粤西教师教育研究中心”资助项目

●广东省协同创新平台“粤台教师教育协同创新发展中心”资助项目

●教育部地方高校第一批本科专业综合改革试点“小学教育”资助项目

●广东省创新强校工程“地方高师院校教、研、创‘三力型’小学卓越教师培养模式的探索与实践”资助项目

学校成功管理的决策力

XUEXIAO CHENGGONG GUANLI DE JUECELI

丛书主编 ◎ 罗海鸥

邱黎明 ◎ 著

江苏凤凰教育出版社
Phoenix Education Publishing, Ltd

图书在版编目（CIP）数据

学校成功管理的决策力 / 邱黎明著 .
—南京 ：江苏凤凰教育出版社，2016. 7
ISBN 978-7-5499-5960-0

Ⅰ. ①学… Ⅱ. ①邱… Ⅲ. ①中小学—校长—学校管理—研究 Ⅳ. ①G637. 1

中国版本图书馆 CIP 数据核字（2016）第 172645 号

书　　名 学校成功管理的决策力
作　　者 邱黎明
责任编辑 雷利军　金菲菲
出版发行 江苏凤凰教育出版社（南京市湖南路 1 号 A 楼　邮编 210009）
苏教网址 http：//www. 1088. com. cn
照　　排 北京世纪鸿文制版技术有限公司
印　　刷 三河市九洲财鑫印刷有限公司
厂　　址 河北省三河市灵山大口
开　　本 787 毫米×1092 毫米　1/16
印　　张 13. 25
字　　数 203 千字
版　　次 2017 年 6 月第 1 版　2017 年 6 月第 1 次印刷
书　　号 ISBN 978-7-5499-5960-0
定　　价 30. 00 元
网店地址 http：//jsfhjycbs. tmall. com
邮购电话 025-85406265，85400774　短信　02585420909
E - mail　jsep@vip. 163. com
盗版举报 025-83658579

前 言

在“学、思、行”中决策

邱黎明，男，研究生学历，曾在县城中学任教近10年，在县（区）、市、省委组织部门工作20多年，现任湛江经济技术开发区教育局党组书记、局长，兼任华南农业大学中国地方政府治理研究中心特约研究员、全国育人用人科学委员会特约研究员、广东省教育研究院研究员，岭南师范学院特聘教授。致力于实施“教育强区”战略和教育人才培养工程，率先在全市开展学习型、研究型教师活动，积极开展教育改革，构建教育现代化治理体系，并致力于提高校长的治校能力，创建“党民教育”模式和开展生态文明教育，均获得显著成效。

成绩与荣誉

1980年7月，中师毕业后我在一所县城中学任教，由于业绩突出，不久就担任学校、镇团委书记，多次被评为县优秀团干部、优秀教师。

1988年8月，我被选调到徐闻县委组织部工作，先后在霞山区委、湛江市委组织部（借调广东省委组织部调研室）工作，从事调查研究和干部培养工作，期间负责多项专题调研工作并主持多项重大课题研究，成果丰硕。调研报告《盘活湛江市人才存量》获省课题一等奖，《农村基层组织新情况、新问题》获省、市特等奖；在中组部主办的《党建研究》《人民日报》《南方日报》《岭南学刊》《广东组工通讯》《广东组工通讯》等报刊发表论文、调查报告30多篇，参与《现代人才资源》（宁夏人民出版社）

编写；由我主持的“农村实用型人才工程”获省委组织部的表扬和推广。2005年被湛江市委评为“市优秀党务工作者”，2008年被省委评为“驻村优秀干部”。

2010年2月，我调任湛江经济技术开发区教育局党组书记、局长。回到教育部门工作后，努力构建与社会经济相适应的教育发展新机制，实施“教育强区”战略和教育人才培养工程，重视教师和校长队伍建设，坚持“教育强区，关键在强师”理念，狠抓教育改革和教育质量，创新教师培养机制，重视学校文化建设，率先在全市开展学习型、研究型教师活动，构建教育现代化治理体系，重视校长治校能力，努力提升校长和教师的学习力、研究力、教学力、执行力、创新力，创建“党民教育”模式，开展生态文明教育。

经过一番努力，湛江经济技术开发区的教育质量显著提升，中考成绩由2009年位列全市倒数第二名，到2012年跃居全市第三名，并一直保持名列全市前三的势头；高考成绩连续数年获得历史性突破，上本科线考生数量不断创下历史新高，超额完成市教育局下达的目标任务。2014年，在全市高中、初中、小学的课堂教学竞赛中均获得第一名，获奖数量位居全市之最；2015年，在全国“一师一优课，一课一名师”的评选活动中，有5位教师的录像课顺利入围（全市共有9位教师入围）；2016年，全市高中课堂教学竞赛，11个学科，我区获7个学科一等奖，名列全市第一。此外，在课题研究上，不论是数量，还是级别，均领先于其他县（市、区）。

2012年，湛江经济技术开发区教育局被确定为“广东省第一批学习型党组织建设示范联系点”，2013年被评为“市基层党组织先进单位”，2014年被评为“市文明单位”。2014年7月至2015年4月，我参加广东省人民政府参事室的新常态下广东农村治理问题研究的调研，与岭南师范学院王栋教授负责的“南海治理模式”课题，作为省参事调研建议，得到省政府领导的肯定和表扬。

抱负与奋斗

1961年2月，我出生在南海西部的一个偏僻的海岛。从小在海岛上长大的孩子，童年的生活很艰苦。这座小岛交通不便，信息闭塞，偏僻落后，很多孩子没有读过几年书甚至没有读过书，就不得不小小年纪跟随着父辈一起打鱼或务农，过着日出而作、日落而息的生活。我不想一辈子待在小岛上，过这种没有盼头的日子。我想走出海岛，改变自己的命运。然而身为农家子弟，要改变命运，唯一的出路就是读书。这个道理，是我的父母和老师从我小时候就教给我的。为此，我从小就立志刻苦读书，走出海岛，改变贫穷的命运。

从小学到中学，我勤奋好学，成绩优异，尤其对写作充满兴趣，作文写得很棒，经常受到老师的表扬。我至今依然记得，小学升学考试作文《在放学路上》写的是一件“学雷锋”的好事：在放学路上我看到农民伯伯在乌云密布时忙着收稻谷，便停下脚步去帮忙。由于这篇作文写得很动人，博得了老师的赞扬和赏识，语文成绩也获全镇第一名。1978年，是恢复高考的第二年，也正是改革开放的春风吹遍神州大地之年，生活处处洋溢着生机和活力。“好男儿志在四方”，我像很多的有志知识青年一样，对新生活充满了无限憧憬，渴望通过高考进入更高的学府深造，从此彻底改变人生命运，实现人生抱负。

1978年的高考，竞争之激烈不难想象，那才是真正的“千军万马过独木桥”。由于高考恢复刚一年，参加高考的人有十几岁的年龄差距，而那时全国院校招生名额有限，录取率相当低，因而竞争很是激烈。就是在这种背景下，我幸运地考上了徐闻师范学校。对于一个出生于条件艰苦的农家的子弟来说，这是勤奋好学的回报，是执着追求的馈赠。回首往日，多少个夜晚，万籁俱寂，我借着微弱的煤油灯光刻苦攻读，紧张复习备考。煤油灯，照亮了我的人生路，也成了我们这一代人一生中难以忘怀的印记。直到现在，我记忆犹新，高考时写的那篇作文《雷锋精神激励我》，记述的就是我在雷锋精神激励下如何刻苦求学、踏实做人的故事。这段人生经历，成了我一笔宝贵的精神财富。

在当时，很多人报考时都奔着当党政干部、技术员这类吃香的职业去了，很少有人报考师范学校，因为大家都知道当教师的待遇并不好。然而，我却义无反顾地报考了师范学校。这是我人生中格外重要的一次抉择！我为何把报考师范学校当作自己的志愿呢？那是因为我对教育满怀热爱之情，我喜欢教师这个职业。

1978 年 7 月，我如愿考上了师范学校，选读英语专业。系统的专业学习，让我提升了知识素养，开阔了理论视野，提升了实践能力。在毕业实习时，全班 33 位同学，只有我没有当过民办教师、没有走上过讲台。司徒富、黄金龙老师担心我实习不及格，要我虚心向实习老师学习、请教。我被安排在县实验小学实习，我虚心请教老师和同学，钻研教材，在实习一个月里课堂组织得好，得到了学生和指导教师的赞扬。指导老师让我上了一堂公开课，得到了全班同学的认可。我因此被评为“优秀实习教师”，这也为我留在县城中学任教创造了条件。

在徐城中学，由于教学能力突出，我被提拔为学校团委书记。我的教学业绩比较突出，其中最让我引以为豪的是：1984 年至 1988 年，我所教的班中有 6 名学生考上了广东外国语师范学校。

1988 年 8 月，由于各方面的工作表现出色，我被调入县委组织部工作。这成了人生中最重要的转折点。在组织部门工作后，我才有机会接触学校管理方面的工作，并开始思考如何提高自己的决策力。1991 年 6 月，我考上广东省委党校的研究生，攻读党的领导与党的建设专业，主攻方向是领导班子建设和干部人才培养战略。研究生毕业后，我继续在组织部门工作，历任调研室副主任、人才工作科长等职，主要从事人才培养工作与研究，成果丰硕。

2009 年 12 月，市委从市直机关挑选了包括我在内的 4 名中层干部到湛江经济技术开发区职能部门任职，我担任教育局党组书记、局长之职。这是我人生的又一次重要抉择，由此开启了我在事业上的新征程。

阔别教育战线 20 多年后，我选择了回到“原点”。为何再次回到教育工作岗位？原因就在于我对教育事业有一种割舍不下的情怀。我热爱教育事业，也渴望干出一番成就。在区党委、管委会高度重视教育和全区教育工作者的努力下，我把全部精力投入教育，在短短几年内便把湛江经济技术开发区教育落后的“帽子”摘掉，将其打造成了“教育强区”，收获了丰硕的成果。

眼光与决策

我来到湛江经济技术开发区教育局赴任后，很快就发现了这个国家级开发区存在着一种反常现象，就是经济发达，教育落后。

这种反常现象的存在，有其历史背景。2009 年 10 月，基于整合区域优势资源，促进经济又好又快发展的战略需要，上级党委、政府力推本市的经济开发区和经济试验区合二为一，组成湛江经济技术开发区。此前，经济开发区注重经济，忽视教育，教育管理体制存在弊端，教育成绩欠佳；经济试验区重视教育力度不够，投入少，教师待遇普遍较差，人心不稳，教学质量低下。现实就摆在面前：2009 年，湛江经济技术开发区的中考成绩位列全市倒数第二；2010 年以前，高考成绩在全市屡屡垫底。一句话，湛江经济技术开发区的教育比较落后。应该说，人民群众对此是很不满意的。

重担之下，我没有弯腰，反而以此自我勉励。我着眼于构建与社会经济相适应的教育发展新机制，创建“教育强区”，毅然决然地走上了具有区域特色的教育探索和改革之路。在这个坎坷的历程中，我凭借过人的胆略和智慧，攻克了一道道教育难关，做出了一项项重要的决策，对湛江经济技术开发区教育的迅速崛起有引领作用。

面对学校办学规模小、效益差、发展慢的困局，我果断做出了教育资源整合的重要决策。在上级的支持下，我对全区中小学校实施了有针对性的布局调整。与此同时，为了把学校的师资队伍配置得更合理，我还进行了大规模的人力资源整合。整个湛江经济技术开发区的教育，因此焕发了前所未有的生机和活力。

在调研中，我敏锐地发现了湛江经济技术开发区存在教育人才短缺的瓶颈。根据自己多年从事人才管理工作的宝贵经验，我马上做出“人才战略”决策，制订教育人才工程实施方案，实施“316”强师工程，即培养了3位教育专家、10位教学名师和60位学科带头人。我这样做，基于我的一个教育理念——建教育强区，关键在强师。任职几年来，我一贯坚持这一理念，高度重视教育人才的培养。这极大地提高了整个教师队伍的素质，并使一批优秀人才脱颖而出，成长为省、市级骨干教师。

由于多年组织部门工作的历练，以及读书看报的习惯，我具有很强的政治敏锐性，往往能从上级文件、政策中发现重要信息。从“十六大”“十七大”的报告中，我就发现了“创建学习型组织”的重要性，于是上任伊始就做出创建“学习型组织”“学习型、研究型教师”的重要决策，率先在全市开展创建学习型班子、培养学习型教师的活动，力求打造一支学习型、研究型的教师队伍。这样，校长们和教师们的学习力和研究力均得到了有效提升。

在长期从事干部人才实践工作中，我坚持党的干部任用标准；在具体实践中，我重视有品德、有眼光、有才能、有担当的人才。因此，在重要岗位人才的选用上，我能够做出正确决策。选拔“专家型校长”林文智就是一个典型的例子。林文智虽然是一名农村小学校长，但是办学成绩斐然，教研成果显著，备受局班子成员赏识，最终被任命为湛江经济技术开发区第一小学校长。经过几年规范办学，林文智把湛江经济技术开发区第一小学的办学水平提升到了一个新的层次，这充分证明了我的确是慧眼识英才。

在创建“教育强区”和推进义务教育均衡发展的过程中，我积极开展教育改革，狠抓教育质量，取得了引人瞩目的成绩。我注重构建教育现代化治理体系，大力促进校长办学观念转型，全面实行“依法治校，规范办学”，提升校长治校能力。我还注重课堂教学改革，提高教师的教学能力和水平。通过开展“有效课堂”“高效课堂”“觉民课堂”等一系列的教学改革活动，湛江经济技术开发区的教育质量有了质的飞跃，近年来在全市的各种教育比赛活动中屡次获奖。

在区域教育文化建设上，我开创性地提出了具有标杆意义的“觉民教育”模式。在短短的一年时间内，“觉民教育”模式在全区各中小学校得到了广泛推广，为湛江经济技术开发区的教育发展创造了灿烂的前景，也成为全市教育的一个亮点。与此同时，我也高度重视生态文明教育活动的开展，希望通过这样的教育为下一代树立生态文明理念，建设美好家园，履行一个教育工作者的职责。

在教育人事体制的革新上，我也有所突破，最重要的一点，就是建立和完善了竞争机制。通过推行“竞争上岗”制度，激发教师队伍的活力，促使干部人尽其才，组建成一个优秀的教育团队，为教育发展奠定了坚实的人力资源基础。当然，在教育领域中，我还做出了不少科学有效的决策，达到了预期的良好效果。

纵观我的教育管理生涯，所做出的重要决策无不产生一定的影响力，对湛江经济技术开发区教育的发展起到了极大的促进作用。在这些重要决策中，我遇到了很多的困难和挫折，有时甚至置自己于危险境地，但是，我依靠卓越的决策力，克服困难，排除障碍，最终走向了成功。

如果说我决策的成功有什么秘密可言，那么就是学习、思考和实践了。我乐于学习，很早就与书结缘，是一位学习型干部；我善于思考，喜欢搞课题研究，思维敏捷，意识超前，是一位智慧型干部；我勤于实践，经常深入一线进行调研，为解决实际问题而操劳，是一位务实型干部。无疑，这些优秀品质都是一个成功管理者所应当具备的。

目 录

第一章

决策是一种智慧挑战

在生活和工作中，决策是最为常见的社会活动，每个人都免不了要做出这样那样的决策。可是，很多时候，决策还是不决策，都是一个令人头疼的问题。决策意味着要付出成本，担负责任，承受风险；而不决策将有可能错过解决问题的良机，使局面更加严峻。决策考验着一个人的智慧和胆略。对于管理者而言，决策带来的压力感更强烈，不得不慎重考虑，特别是需要做出重大决策时。那么，当决策的难题摆在面前时，我们究竟该如何把握呢？

关于决策时所面临的压力，首先请大家看看经济学中的一种“搭便车”现象。大家想一想，在汽车行驶中，是搭便车者承受的压力大，还是开车者承受的压力大呢？

答案显而易见：开车者承受的压力大！开车者不仅要付出油费、车辆损耗等成本，还要时刻防范交通事故的发生，担负着安全责任，这个风险系数可不算低。相比之下，搭便车者就轻松多了，他心里会想：“辛苦的是别人，我的运气挺好的。”美国经济学家曼瑟尔·奥尔森在《集体行动的逻辑》一书中介绍了“搭便车”现象的概念，即自己不努力而坐享他人劳动成果的行为。实质上，“搭便车”是一种投机心理。一方面，搭便车者抱着“就算我不干，总会有别人干”的想法碰运气，只想坐享其成；另一方面，在集体行动中，一个人到底出了多少气力往往难以验证，无形中给搭便车者提供了机会。然而，一个团队中搭便车的人多了，所有人都不想担负责任，承受风险，这样就必然导致团队总体效益降低，甚至会损害团队利益，出现所谓的“搭便车困惑”。在决策中，这种“搭便车困惑”带来的负面作用将会更大。

决策学中有一句话：决策具有很大的风险性，其成本和收益的权重、责任和义务的较量，往往让决策者即使认识到问题所在也无动于衷，总是把问题留给别人。

决策箴言：决策具有很大的风险性，其成本和收益的权重、责任和义务的较量，往往让决策者即使认识到问题所在也无动于衷，总是把问题留给别人。

如果说人生是茫茫的大海，那么航程中就会布满无数的暗流险礁，这对舵手的智慧和胆略形提出了巨大的挑战。在惊涛骇浪中，“怎么办，如何做”的难题，时刻摆在舵手的面前。但是，决策的风险性以及权责的不确定性，往往让这些决策者在问题面前不作为，把问题遗留给后人，把风险转嫁给他人。如果人人都有这种想法，那么决策势必被迟延；即或不然，决策行为也难以产生良好的效果。如此一来，问题就一直拖着，无法得到解决，并且越积越多，对社会产生不良影响。

在现实生活中，我们看到，有些领导干部甘当“太平官”，他们满足于现状不思进取、回避矛盾不敢负责，凡事凭“经验”办事、按“套路”出牌，不求有功，但求无过，平平安安占位子，忙忙碌碌装样子，平平庸庸混日子。面对重大决策，缺少卓识和远见，奉行“经验法则”，或是盲目听从不合理的提议，还以为“搭便车”沾了别人的光，结果搞砸事情，无功而返，不但不能做出应有的贡献，反而会给国家和人民造成不必要的损失。这种不作为的表现，无法满足社会和人民对领导干部工作的要求，备受社会诟病。

现在，我们进一步来了解“风险”这个词。风险，就是生产目的与劳动成果之间的不确定性。其往往表现为付出代价后收益的不确定性，产生的结果可能是带来损失，也可能是使人获利，或是无损失、也无获利。可以说，风险和收益是成正比的。作为决策者，摆在面前的是风险和利益并存的状况。决策者的风险责任是指一旦决策者决策失败，可能给决策者个人带来的需要承担的责任，包括物质性责任（如扣减工资奖金、罚款、经济赔偿等）以及精神性责任（如批评、错过晋升机会或降职、免职、解除聘用、法律制裁等）；决策者的风险利益是指决策者一旦决策成功，可能给决策者带来的利益或好处，亦包括物质性利益和精神性利益。决策的事项越重大，意味着决策者可能承担的风险和获取的利益越大。

我们不难看出，决策颇具挑战性，考验着一个人的智慧和胆略。作为一名教育局长，我在2010年初走马上任后是怎样以决策智慧突破教育发展瓶颈，从而打开教育发展新局面的呢？

2010年7月的一天上午，阳光明媚，万里无云。湛江经济技术开发区觉民中学的校园内，来了几百名教师。他们是前来参加培训学习的吗？不是。他们是前来观摩课堂教学竞赛的吗？也不是。那他们就是监考学生考试的考官了？更不是。那他们是来做什么的呢？原来，这么多教师是来当“考生”的！他们今天参加的是区教育局组织的文化考试，具体操作事宜由教研室的同志负责。这个文化考试难吗？主要考什么内容？其实，它考的是教师教给学生的知识内容。比如，你教初三语文，你的试卷就是一张初三语文试卷。也就是说，你教什么，它考什么，考试内容和平时教学内容挂钩。这样看来，这个文化考试应算是不难的吧？难道作为一名教师都答不好平时自己考学生的试卷吗？然而，对于这些“特别考生”来说，难言轻松，很多人显得非常紧张。他们从没有想到工作这么多年了还要“回炉”当考生，重温当年的学生应试时光。他们在思想上没有做好准备，心里就难免紧张兮兮。他们很担心答不好考学生的试卷，成绩太难看，给他人留下笑柄。更重要的是，这次考试跟自己的切身利益密切相关，务必认真对待，容不得一丁点儿马虎。

这次考试，教师们除了要参加知识层面上的文化考试外，还要参加实践层面上的说课考核。在这个过程中，我亲自到现场督察、检查，连教育行政部门的主要领导都来坐镇了。你说这次考试寻常吗？一直以来，我们听得最多的是怎样考学生，却鲜有“考教师”的说法。很多人肯定会疑惑，让教师来考试，目的是什么？这是不是新官上任烧的“一把火”呀？要搞清楚其中的玄机，就要从我的教育理念说起。

我的这一理念，用一个词来概括，就是“整合”。这次“考教师”的创举，从表面上看目的很明显，就是激发教师的活力，增强教师专业发展的危机感，促进教师学习精神的提升。可以说，这是一种激励手段，也是一项教育改革举措。很多人都是这么认为的。然而，我这次亲力推动“考教师”的创举，更大的战略考虑是教育资源整合。换言之，“考教师”是“教育资源整合”的关键一环，正体现了“整合”这一理念。

什么是整合？其实，整合就等于利用。或许你会觉得，“利用”一词有贬义色彩，动机不纯。我们不妨来剖析一下，“利”就是创造共同利益，“用”是善用双方资源。所以，整合就是利用，等于善用双方资源，创造共同利益。一句话，整合资源就是善用资源。我们每一天都在整合资源，只是有时意识不到而已。比如，以前手机只是通话工具，而现在可以上网，可以发微信，还有许多其他功能。很多人都喜欢玩微信，微信是腾讯公司开发的，这个软件要发挥作用，就必须借助通信运营商的网络服务。这就是关于手机的一种资源整合方式，其结果是各方互利共赢。

整合的理念在领导班子会议上一提出来，就引起了其他班子成员的共鸣。大家一致看好教育资源整合决策的前景。管理学上讲，有效的资源整合能让资源产生最大化的效益，创造辉煌的发展前景。时间早就证明了这一点。

我到湛江经济技术开发区教育局任职后，顿觉肩上的担子沉重。因为我发现，湛江经济技术开发区的教育发展正陷于困境之中。用一个词来形容，就是“难以解决”。具体反映在以下方面：学校办学规模小，教育基础设施薄弱，整体教学质量不高，师资队伍水平较低，教师思想观念陈旧，等等。存在的问题一大堆，几乎个个都是难啃的“硬骨头”。就拿学校办学规模小、效益差来说，全区十所中学，没有一所中学能称得上上“档次”，也没有一所中学敢于跟其他县区的重点中学“叫板”。规模稍大的海滨中学还是由一所十二年一贯制的企业学校转型而来，包括了小学部和中学部两大部分。这就难怪湛江经济技术开发区中考、高考的总体成绩屡屡在全市各县区中垫底，高考能考上一本的学生寥寥无几。没有办学品牌和特色，没有办学知名度和影响力，吸引不了高端人才和优质生源，哪有底气跟人家“叫板”？哪有什么竞争优势可言？对学校办学效益差的问题，群众议论纷纷，颇有微词。如何破解这样的困局成了一道考验我智慧和胆略的难题。不过，我已经找到了破局之道，这就是教育资源整合。

如何对有限的教育资源进行整合？我为此又该打出一套什么样的组合拳呢？我的“第一拳”就打在湛江经济技术开发区三所中学的布局调整上。这三所中学分别是海滨中学、东山一中和东山二中。首先，把海滨中学的小学部和中学部分离，中学部改名为湛江经济技术开发区第一中学，小学部改名为湛江经济技术开发区第二小学。其次，撤掉湛江镇第一中学，并入东山镇第二中学，两校整合后改名为东山中学，再利用东山镇第一中学的相关资源设施建成湛江经济技术开发区教育培训中心。这几所学校的布局调整完成后，就必须妥善解决一个问题。什么问题呢？就是师资队伍如何重新配置。学校撤掉了，就让教师直接下岗，行吗？显然不行。那么，这么多教师该何去何从呢？怎样安置他们才能体现出公平和公正呢？对此，我打出颇具力度的"第二拳"：对五所中学的师资力量进行重新配置，也就是进行大规模的人力资源整合。这五所中学除了海滨中学、东山一中和东山二中之外，还有遇到师资不足瓶颈的湛江职中和觉民中学。这五所中学的教师人数是一个不小的数目。在体现公平性和公正性的问题上，我带领大家深入研讨，最后确定了考教师的举措。通过考试，摸清师资队伍的结构和水平，再根据教师平时的表现，进行综合考核和评价，为师资力量的重新配置和有效利用提供科学的参考依据。更重要的是，教育资源的有效整合，为这几所学校的发展创造了难得的机遇。这之后，湛江经济技术开发区的一批小学也拉开了教育资源整合的序幕，开发区教育规划、布局科学合理，通过资源整合，建成区形成新的格局，中学从区一中到区四中，全区小学从区一小到区十三小；并且四个乡镇保留每所有历史文化的学校，有觉民小学、新民小学、东简小学和硇洲小学，有区级幼儿园 3 所。整个开发区教育因此焕发出了前所未有的生机和活力。

管理学大师汤姆·彼得斯在《重新想象：激荡时代里的卓越商业》一书中指出，未来所有的资源和所有的企业，必须重新想象，如果重新创造，都可以创造出不一样的可能。他提出的一个观点是"大破大立"，意思是每一个人都必须以巨大的能量和胆识，有勇气把过去的东西、旧有的东西破坏掉，然后再建立新的系统。

决策箴言：每一个人都必须以巨大的能量和胆识，有勇气把过去的东西、旧有的东西破坏掉，然后再建立新的系统。

大家注意，大破大立是要有智慧和胆略的，第一要考虑效益，第二要考虑风险。

当旧有的体制、秩序、资源等已成为新形势下事物发展的严重掣肘因素时，决策者往往面临着大破大立和不破不立的两难抉择。不破不立，风平浪静，稳稳当当，就不用担负重大责任，不需要冒巨大的风险，但效益还是老样子，没有任何起色可言。大破大立则截然不同，它会有风起云涌、惊涛骇浪之势，其间机遇和挑战并存，困难和希望同在，成与败皆有可能。这就是千百年来有勇气大破大立的改革者值得人们尊敬之处。可是，只有那些勇于直面挑战、锐意进取的人，才能有所作为，成就未来。

日本尼西奇公司在“二战”后初期仅有30余名职工，生产雨衣、游泳帽等橡胶制品，因订货不足，经营不稳，企业朝不保夕。公司董事长多川博从人口普查中得知，日本每年大约出生250万婴儿。多川博考虑：如果每个婴儿用两条尿布，一年就需要500万条，这里潜藏着一个相当可观的尿布市场。多川博放弃了尿布以外的产品，把尼西奇公司变成了尿布专业公司。尼西奇公司集中力量，创立名牌，成了“尿布大王”。尼西奇公司资本仅1亿日元，年销售额却高达70亿日元。

日本尼西奇公司董事长多川博所做的经营决策，使企业避免了倒闭的危险，转败为胜。困难当前，危机重重，我们该如何应对？大家都在急切地期待着管理者破解困局的决策快点出台，好一锤定音，“挽狂澜于既倒，扶大厦之将倾”，此时如果管理者无所适从，举棋不定，甚至干脆当起甩手掌柜，一甩了之，或像一只鸵鸟一样，以为把头钻进沙子里就回避了问题，如何能堪大任、谋大事？行政管理体制存在障碍，教育资源分配不合理，直接制约了学校的进一步发展，以致学校办学规模小、效益差，教育水平远远落后于其他县区。这个糟糕的事实就摆在我的面前。是知耻而后勇，放手奋力一搏，破解困局，踏踏实实地干出一番业绩？还是以鸵鸟心态自我开脱，当个太平官，保持局面的稳当？教育管理者的责任心和意志力让我选择了前者，决定放手奋力一搏。所以，在湛江经济技术开发区教育发展的十字路口上，我做出了教育资源整合的重大决策。

教育资源整合意味着什么？意味着学校的布局调整、教师的重新配置、学生的分流安顿、教育基础设施的利用和重建，等等。这些事情表面上看很容易，通过行政力量去推动就可以了，实际上做起来却很不容易。为什么？因为这里面不仅需要投入大量的人力、财力和物力，存在一个成本支出的问题，还牵涉了各方面的利益，存在一个利益博弈的问题。学校撤掉了，当地群众怎么看？有意见吗？对这么多的教师进行重新配置，他们怎么想？心里服气吗？会不会发生上访维权的群体事件？并且，在教育资源整合后，学校办学效益会不会好转？教育质量和水平是不是还这么落后？这些决策后可能出现的一系列问题，都是不可忽视的风险因素，甚是令人担忧。高昂的决策成本，重大的风险责任，难以预料的收益，无不让教育资源整合这项决策承受着巨大的压力，充满着挑战性，考验着我的智慧和胆略。

在教育资源整合的过程中，由于湛江经济技术开发区教育局各项管理工作做得到位，体现了公开、公平、公正的原则精神，因而没有出什么乱子，两个月内就顺利完成了任务。这次教育资源整合，成了湛江经济技术开发区教育发展的重要转折点，具有里程碑式的意义。几年过后，湛江经济技术开发区教育发展势头十分迅猛，各项教育成绩和成果开始在全市名列前茅。我终是凭借胆略和决策，打开了湛江经济技术开发区教育发展的新局面，在湛江经济技术开发区教育发展史上留下了浓墨重彩的一笔。

决策是需要成本投入的，也是需要担负一定责任的，更是需要冒着很大风险的。所以，决策就是一种智慧挑战。作为管理者，不敢直面现实难题，该做决策时不决策，就是不作为的体现。决策的压力是客观存在的，但关键还是在于决策者怎样去思考和应对。应对得好，可以化险为夷，让难题迎刃而解；应对得不好，就会作茧自缚，处境尴尬被动，陷于困局难以自拔。作为管理者，我同样面临着决策问题的困扰。那么，我究竟是怎样在决策问题中找到破解之道的？

策略一　决策是管理的重要环节

归纳起来，作为一名优秀的管理者，我有一个重要策略，那便是明白“决策是管理的重要环节”。

管理，是一个我们司空见惯的词，其含义看起来很简单。然而，管理其实是一个系统性、复杂化的过程。在这个过程中，管理者要面对一个又一个难题，以及无数个变化，需要运用很多高超的谋略去应对，但决策始终是一个不可或缺的环节。美国管理学家赛蒙在《管理决策新科学》一书中指出“管理的关键在于决策”，这道出了决策之于管理的重要性。越是处于紧要关头、面临危机之时，决策就越能突显它在管理中的重要作用。其实，决策是管理的心脏，管理就是决策。

满怀豪情前往湛江经济技术开发区教育局走马上任，我很快就发现这个教育局长不容易当，那感觉就像坐在一个火山口上，可怕的火焰说不定在哪一刻就会喷射出来。为何有这种感觉？因为这与湛江经济技术开发区教育出现的困难局面有关。要解决的突出问题一大堆，管理的难度非同寻常。归根结底，这种困难局面都是湛江经济技术开发区多年来忽视教育所致。群众对于湛江教育不仅很失望，而且信心逐渐消失。相比之下，与湛江经济技术开发区相邻的霞山区和赤坎区在教育事业上可算是高歌猛进，各项教育成就十分突出，预计不久就可率先跨入省“教育强区”的行列。不过，必须承认的事实是，霞山区和赤坎区多年来高度重视教育发展，教育基础打得扎实，教育资源分配较为合理，教育发展比较均衡，所以教育发展顺风顺水。而湛江经济技术开发区对教育的重视程度与之相距甚远。我便是在这种严峻的处境下对教育进行了大刀阔斧的改革，把湛江经济技术开发区教育带上了新的发展道路，使之呈现出了新景象。

在湛江经济技术开发区教育发展的不妙形势下，有人把我当成了“救星”，因为我是临危受命而来的。我只是想，既然组织这么信任我，群众给了我这么多期待，我就得好好干，干出一番成绩。一个人的思想信念一坚定，他的行动就会变得执着，就会勇于开拓进取。我也是如此。我决定以开荒者的实干精神履行职责，不辱使命。

湛江经济技术开发区教育管理的工作不好做，为什么这么说呢？总结起来，湛江经济技术开发区教育有两种特殊情况。

第一种特殊情况是“城乡结合，以农为主”。也就是说，湛江经济技术开发区是一个城乡综合区，城市教育和农村教育并存，并且以农村教育为主。湛江经济技术开发区虽然号称全市的“经济强区”，但整体的城市化水平还是比较低的，因为它的乡镇面积占去了好大一部分。这种特殊的区情直接反映在教育上，就是农村学校众多，且成了全区学校的“主力军”，农村教育占据“主流地位”，在教育上似乎形成了“农村包围城市”之势。农村学校存在的局限性，导致其教育发展水平比较低，与城市学校差距明显。另外，湛江经济技术开发区有几所城市学校是从企业学校转型而来，办学水平也不高。由于这些客观因素的存在，湛江经济技术开发区教育基础薄弱也就不足为奇了。

第二种特殊情况是“理念陈旧，活力不足”。教师的教育理念陈旧，跟不上教育形势的发展，整个教师队伍活力不足。有相当一部分教师不喜欢读书学习，不积极参加教研，安于现状，不思进取。没有学习和研究的结果，就是教师理念陈旧，思想落后，视野狭窄。当教育的价值观出现了偏差，也就对教育的大局观产生影响，教师考虑更多的是个人利益，而不是集体利益。有些学校还存在教师严重超编的问题，人浮于事，作风懒散，工作效率较差。“冰冻三尺，非一日之寒。”

古人云：“生于忧患，死于安乐。”这句话告诉我们，一个人要生活在忧患和危机意识里，才能不断成长和进步，从而在激烈的社会竞争中不被淘汰，真正面临危机甚或灾难时，才能从容面对。人类天生就有一种安于现状的惰性，不到迫不得已就不会去改变现在还过得去的行为。然而，一个管理者如果失去了危机意识，认识不到危机管理的重要性，身处安乐而不自省，只图平稳不上进，那么危机真正到来时，就悔之晚矣。

19 世纪末，美国康奈尔大学曾经进行过一次著名的“温水煮青蛙实验”。科研人员将一只青蛙投入已经煮沸的开水中，青蛙因受不了突如其来的高温刺激，立即奋力从开水中跳了出来，得以成功逃生。当科研人员把青蛙先放入装着冷水的容器中，然后再加热，结果就不一样了。青蛙反倒因为开始时水温的舒适而在水中悠然自得。当青蛙发现无法忍受高温想跳出时，已经心有余而力不足了，不知不觉被煮死在热水中。

这个实验道出了从量变到质变的原理，说的是由于对渐变的环境的适应和习惯，导致失去戒备而招灾的道理。面对安逸、满意的环境，生物往往会产生得过且过的松懈，而这往往是最致命的，使其到死都将不知何故。管理者如果缺乏忧患意识，一味地追求安稳平和，那么当危机真正来临时，可能就会像温水里的青蛙一样，死于安乐。因为现实的生存状况是不允许青蛙有片刻安宁的。

管理学研究发现，管理者在管理中，有三大忌讳。

第一，忌“缺乏忧患意识”。得过且过，缺乏忧患意识，没有强烈的责任感和危机感，是不能成功的。

第二，忌“不拘小节”。思想松懈，不肯防微杜渐，不能从细节上严格管控不和谐因素，也是无法成功的。

第三，忌“目光短浅”。只顾眼前，不能高瞻远瞩，没有战略性和创新性的眼光，管理就取得不了成效。

如果管理者这三条忌讳都犯了，你说他能干出一番辉煌的事业吗？

人生如逆水行舟，不进则退。今天不改变，明天就被改变，甚至连改变的机会都不再有。在市场大潮中，很多企业命运多舛，沉沉浮浮，有的青春常在，有的昙花一现，其决定因素就在于经营管理者有没有高度的责任感，有没有强烈的危机感。要避免被淘汰的命运，管理者必须保持头脑清醒，满怀忧患意识。鲨鱼能成为海中之霸，就在于它一直不停地游走。那么，面对湛江经济技术开发区教育出现的特殊情况，我有没有危机感？我又是如何实行危机管理的呢？

我是一个心怀忧患意识的人，并且理念超前。湛江经济技术开发区教育的特殊情况，让我产生了强烈的危机感。我那时认为，只有妥善处理这些特殊情况，教育发展的困局才有被破解的希望。校长和教师队伍没有危机感，安于现状，不思进取，本已可怕，倘若作为教育行政部门的管理者也没有危机感，不懂得危机管理，碌碌无为，那么就更加可怕了。

在实行危机管理中，我做了一项重大决策：教育资源整合。教育资源整合一石击起千层浪，在湛江经济技术开发区引起了很大的反响。教育资源整合，重点就是学校的布局调整以及教师的重新配置。这可是牵一发而动全身的大事，以前在湛江经济技术开发区可没有发生过，也没有哪一位前任教育管理者敢这么干！现在，我一来偏偏不按套路出牌，搞学校转型升级，搞教师考试，搞竞聘上岗，最终搞得教育形势逼人，教师拼命学习，以求躲过在激烈的竞争中被淘汰的命运。有些人对此赞不绝口，认为湛江经济技术开发区教育发展的春天到来了，有希望向霞山区和赤坎区的教育水平看齐了。有些人对此很不满，牢骚满腹，声称教育局这么做就是瞎折腾，破坏了和谐局面。这些人中有的是在竞争中落于下风的教师，他们本来是在城里任教的，现在却要到乡下去“交流”了；有的本来是在中学里任教的，现在却要到小学去“支教”了。你说他们服气吗？当然很不服气了。当时就有人向上级部门“告状”。

我做教育资源整合这项重大决策的出发点，就是有效应对湛江经济技术开发区教育发展中存在的特殊情况，化教育发展的“危机”为“转机”，同时激发教师队伍的活力，增强他们的忧患意识，促使他们锐意进取，不断进步。然而，正如每一项重大决策都需要经历一番磨难一样，每一位管理者都需要经受决策风险的挑战，我和我的教育资源整合决策也不例外。在面对非议和“抵触”的情况下，管理者的压力肯定不小，我应该怎么办呢？其实，我早已未雨绸缪，做好了“预警”，做到了胸有成竹。

第一，我实施了民主策略。我做决策不是按自己的主观意愿去“拍板”，而是注重与班子成员进行民主协商，集体分析风险，共同研讨对策，体现决策的民主集中制，并让决策经得起检验。

第二，我实施了阳光策略。我做决策秉持的是公开、公平、公正的原则，让决策得以在阳光下运行，让各项权责范围内的管理工作受到多方有效的监督。比如教师考试由教研室具体负责，相关部门进行协助，考场布置、命题评卷、实践考核、平时表现等一系列程序，都是在阳光下操作的，最终实现对教师的综合性评价，体现决策的公平性、公正性。

第三，实施了大局策略。我做了决策后不是高高挂起，摆出不管后果如何的强硬姿态，相反，我更加注重决策的效果。为了安抚大家的不安情绪，争取大家的理解和支持，我紧紧围绕湛江经济技术开发区经济社会发展的大局来做好大家的思想工作。当前，“钢铁”和“炼化”两大项目落户湛江经济技术开发区，还有众多重点项目将陆续进驻本地，湛江经济技术开发区正迎来千载难逢的历史机遇，未来的发展蓝图无比宏伟。新形势下，区党委、管委会高度重视教育工作，把教育优先放在了重要战略地位，决心推动教育跨越式发展，全面提高人口素质，培养人才，为湛江经济技术开发区迅速崛起提供强大的文化源泉和智慧动力。通过文件、会议等形式，湛江经济技术开发区教育局加大了对大局观的宣传力度，稳定了教师的思想，疏通了教师的情绪。与此同时，教师的工资福利得到大幅提高，生活有了可靠的保障，心理上也就满足了许多。

靠着民主策略、阳光策略和大局策略，我化解了教育系统内部对于教育资源整合决策的阻力。教师质疑的声音逐渐消失，告状的教师由于没有什么合理依据，因而没有达到自己的目的。这充分说明了一个管理真谛：管理者在决策中只要出自公心，而不是所谓的私心，脚踏实地，光明磊落，就可以无惧风言风语，就可以问心无愧。

决策箴言：管理者在决策中只要出自公心，而不是所谓的私心，脚踏实地，光明磊落，就可以无惧风言风语，就可以问心无愧。

其实，教育资源整合决策得以有效运行，并达到预期的目标，其中还体现了我对决策风险预判和运行控制的能力。如果管理者不能做到这点，那么决策就很有可能造成不良后果。

1962年，英法航空公司开始合作研制“协和”式超音速民航客机，其特点是快速、豪华、舒适。经过10多年的研制，耗资上亿英镑，终于在1975年研制成功。十几年时光的流逝，情况发生了很大变化。能源危机、生态危机威胁着西方世界，乘客和许多航空公司都因此改变了对在航客机的要求。乘客的要求是票价不要太贵，航空公司的要求是节省能源、多载乘客、噪音小。但“协和”式飞机明显已不能满足消费者的这些要求。首先是其噪音大，飞行时会产生极大的声响，有时甚至会震碎建筑物上的玻璃。再就是由于燃料价格增长快，其运行费用也相应大大提高。这些情况表明，消费者对这种飞机的需求量不会很大，因此不应大批量投入生产。但是，由于公司没有相关决策来运行控制计划，也没有重新对产品进行评估，而且，飞机是由两国合作研制的，雇用了大量人员参加这项工作，如果中途下马，就要大量解雇人员。上述情况使得飞机的研制生产决策不能中断。后来，两国对是否要继续协作研制生产这种飞机发生了争论。但由于缺乏决策运行控制机制，只能勉强将原定决策继续实施下去。结果，飞机生产出来后卖不出去，原来的宠儿变成了弃儿。

英法航空公司的一败涂地，不仅在于不能科学预判决策风险，还在于不能有效控制决策运行。一项决策在确定后能否最后取得成功，除了决策本身性质的优劣外，还要依靠对决策运行的控制与调整，包括对决策执行过程的控制，以及对决策确定过程各阶段的控制。在教育资源整合决策出台前，我就已经充分地考虑到了决策的风险性，研究好了化解危机、规避风险的对策，从而在做到成功决策的同时，又保持了局面的稳定。这也是我在管理中的独特之处。

在危急时刻，我们往往缺少力挽狂澜的气魄与明智果断的决策，糊里糊涂就会踏上一条离目标越来越远的路，却仍沾沾自喜地认为这是脱离困境的正确选择。我们被纷繁复杂的世界搞晕了，看不清最本质的问题，只去抓一些无关痛痒的细枝末节，结果当然很糟糕。面对湛江经济技术开发区教育发展的被动局面，教育管理者如果仍旧停留在传统的管理理念中，囿于旧有的管理框框，切不中问题的要害，因顾虑承担风险责任而不敢做出扭转被动局面的重大决策，那么湛江经济技术开发区的教育发展就没有什么指望了。管理者也就成了失败的管理者，会被贴上“不作为”“无能”等标签，根本不可能赢得人们的口碑。而我是把管理当作一门学问来研究，把决策当作一种艺术来看待，以决策为主要谋断推动管理工作有效开展，特别是重视危机管理，为破解难题赢来转机。

一个人只有善于决策，才能在生活和工作中游刃有余。这体现的是一种智慧，有智慧的人往往会获得成功。其实，管理者作为单位里的“一把手”，不仅要善于决策，还要敢于决策。为什么呢？因为作为主要领导，有智慧固然重要，更重要的是要有责任。胸怀担当、心系民生的人才能扮好领导的角色，才能树立威信，赢得口碑。作为教育部门的主要领导，我该怎样看待决策在工作中的“分量”，我的决策能否体现一种责任担当呢？

策略二　决策是领导的首要工作

在教育行政工作中，不管形势多么复杂，局面多么困难，任务多么艰巨，我都始终把决策置于首要位置，以决策去推进工作，完成任务。有一件事极具挑战性，它充分考验了领导的责任担当意识以及领导智慧。

这件事是关于教育资源整合的一项重要任务，就是征地搬迁村庄、学校的布局调整。这里有必要先来介绍一下当时湛江经济技术开发区经济社会发展的背景。当时，“钢铁”和“炼化”两个“巨无霸”级重点项目落户湛江经济技术开发区，其中“钢铁”项目的前期工作推进得很快，东简镇规划内的红线征地工作已经全面启动。这样一来，就有多个村庄需要整体搬迁。如果红线内的征用土地不能如期交付，势必影响到“钢铁”项目的进展，进而影响到整个经济发展大局。因此，湛江经济技术开发区党委、管委会高度重视征地拆迁和村民安置工作，并把这当作一项硬任务，举全区之力来推进这项重要工作。随着多个重点项目的陆续落户和如期实施，未来湛江经济技术开发区所在的东海地区将诞生一个经济繁荣的工业新城，彻底甩掉经济上以农业为主的落后“帽子”，并助推全区及至全市的经济崛起。可以说，湛江经济技术开发区的发展正迎来千载难逢的历史机遇。

村庄整体搬迁，对教育来说意味着什么呢？很明显，就是撤并、搬迁相关学校，并入其他学校，并安置好学生。按照规划，东简镇和东山镇有四所小学要首先撤掉，分别并入东简小学和觉民小学。这个也是湛江经济技术开发区党委、管委会交给教育局的必须如期完成的重要任务。只有让村民子女的上学问题得到妥善解决，才能有效协助征地搬迁和村民安置工作的开展。可以想象，教育部门在其中发挥了怎样重要的作用！而作为部门“一把手”的我，应扮演怎样重要的角色？这次，教育部门冲在前线，打起“头炮”。我担负非常重大的领导责任。与中学的布局调整不同，搬迁村庄、调整学校是一项十分艰巨的任务，是一块无比难啃的“硬骨头”。前者只要得到区党委的支持和教师的配合，基本上就可以搞好了；后者即使获得区党委的大力支持和教师的积极配合，也有很多难题需要解决。这项决策的巨大阻力就来自搬迁村庄的村干部和群众。学校要搬走的现实显然让搬迁村庄的村干部和群众都难以接受，所以通知刚发下时，就响起一片抗议声。

搬迁村庄的群众和村干部为何要强烈反对学校搬走？他们的孩子去镇中心小学读书，学习环境不是更加优越吗？带着疑问，我带领我的领导班子成员深入展开了调研。我发现，原来当地村干部和群众在文化认同和思想观念上存在偏差。在文化认同上，村庄以宗族为主，自我意识较强，不喜欢与外村进行合作交流，有排外情绪。以往，受这种狭隘文化心理的影响，当地经常发生“村斗”现象。所以，本村的家长不肯让孩子去邻村学校读书，也不肯让本村孩子和其他村孩子同校读书，就是因为担心孩子们打架，进一步激化村与村之间的矛盾。在思想观念上，村民们不愿意学校搬走，担心孩子上下学不方便；而村干部也比较抵触搬学校，怕社会上的人说自己没能耐，让学校搬走，这样就太丢面子了。就拿东简镇龙腾村来说，这个村是全镇出名的村。不过，这“名”却出得不光彩——打架、斗殴。龙腾村属于征地红线之内，龙腾小学、造英小学也是必须搬走的学校，学生将被分流到东简镇中心小学。龙腾村是东简镇最强烈反对征地搬迁的一个村，为此成立了一个“涉法小组”，专门跟政府部门和征地拆迁工作队进行对抗。对于搬走龙腾小学一事，家长更是吵闹得特别凶。由此可见，要完成调整学校的任务，其阻力不是一般的大，我肩上的这个担子也是够重的了。

形势紧迫，任务艰巨，阻力极大，无不挑战着我的决策智慧和领导能力。我深刻体会到，这样的教育资源整合才是对教育管理者的真正考验，要整合成功太不容易了！然而，我有一种“舍我其谁”的责任担当意识，还有一种“不到长城非好汉”的执着精神，所以我下定决心无论如何都要如期完成任务。我决定，就以搬走东简镇龙腾小学为突破口。为此，我采取了一系列有效举措。首先，我召集所有龙腾村籍的教师组建了一个工作队，统一思想，落实责任，然后组织队员深入各个学生家庭进行家访，耐心细致地做家长的思想工作；其次，我亲自与村干部沟通交流，特别是多次与村书记谈心，讲政治觉悟，讲发展大局，讲教育形势，讲前途命运，动之以情，晓之以理；再次，专门为搬迁村庄的学生配备校车，每天负责接送搬迁村庄的学生；最后，下发文件，凡是搬迁村庄学生转学都一路绿灯。这一系列举措实施下来，东简镇龙腾小学终于成功搬走了。运用这一套做法，其他村庄学校的搬迁问题便迎刃而解。令人欣慰的是，那些调入新学校的搬迁村庄学生，并没有因为村庄不同而发生矛盾争执，没有发生打架事件，反而相处和谐，团结友爱。几代人的仇视和隔膜，就这样消逝于无痕。我完成了任务，获得了上级领导的肯定和赞许。

所有这些，我所做的也不过是敢作敢当、执着进取。至此，我教育资源整合的决策实现了学校、教师和学生三大资源的整合，为本区的阶段性教育改革画上了一个圆满的句号。我是学习党的领导与党的建设专业出身的，我秉持党建思想：政治路线确定后，干部是决定因素；领导干部做工作，最怕半途而废。一个领导干部既然做出了决策，就要勇于承担责任，坚定执行落实；如果因为遇到了阻碍或困难而停下前进的脚步，那么这个决策就是失败的。

身为部门的“一把手”，决策就是我的首要工作，我必须为自己的决策负责。但是，决策又具有很大的风险性，可能会遇到很多的阻碍或困难，容易让人产生畏难情绪和厌战思想。特别是一些重大决策，影响更广，风险更大，而“一把手”所要承担的责任更重大。此时，是迟疑不决还是果断出手？无不考验着“一把手”的决策能力和领导智慧。如果遇到巨大的阻碍或困难，“一把手”又该如何克服？在这方面，我在克服阻碍或困难中，也掌握了一些“诀窍”，使得任务完成得出色，得到了上级的肯定和赞许，赢得了群众的口碑。那么，我是怎样克服决策工作的阻碍或困难的呢？

第一，执着的精神。目标既定，就要义无反顾，前进的脚步绝不停下，摒弃一切畏难情绪和麻痹思想。

第二，务实的作风。身先士卒，勇于担当，深入基层一线调研，以一股韧劲狠抓各项工作的落实。

第三，创新的意识。锐意进取，寻求突破，善于运用新理念和新手段打开困难局面，有独到的想法。

如果非要谈及成功的经验，我只能说对这三方面有比较到位的把握。我们再来举一个简单的例子，是关于湛江经济技术开发区一个新生事物的。这个新生事物就是“湛江经济技术开发区教育培训中心”。湛江经济技术开发区教育培训中心是用来干什么的？它是一个用来培训教师业务技能和素质的机构，是教师接受继续教育的平台。湛江经济技术开发区教育培训中心坐落在哪？就坐落在原来的湛江经济技术开发区东山镇第一中学。由于布局调整的需要，东山镇第一中学被撤掉了，并入了觉民中学、东山镇第二中学，两校整合成为东山中学。因为这样才能节约教育资源，打造好一所重点中学，增强办学实力，提升办学效益，树立办学品牌。这里有必要说明的是，东山镇除了第一中学和第二中学这两所初级中学之外，还有一所完全中学——湛江经济技术开发区觉民中学。这三所中学都注重对学生的培养，但是难以适应教育形势发展的需要。事实上，这种格局造成了教育资源的浪费，也影响了各自办学规模的扩大和办学效益的提升。所以，东山镇两所初级中学的合并势在必行。但是，多少年来，受各种因素影响，两校整合一直是一个老大难的问题，整合决策也是“雷声大，雨点小”，久拖不决，浪费资源，影响效益。我到这里以后，针对其中的厉害问题进行调研分析，然后向湛江经济技术开发区党委、管委会报告，经过一番努力，最终促成了两校的整合。然后，在东山镇第一中学的原址上建立起湛江经济技术开发区教育培训中心，创新性地利用了教育资源，达到了一箭双雕的双赢结局。

没有执着的精神，就不能推进学校的整合；没有务实的作风，就不能解决整合中出现的难题；没有创新的意识，就不能创造性地利用教育资源，最大化地发挥其效益。所以，这件事在当地一时成为美谈，得到了许多群众的赞誉和支持。

考验领导者才能的不是那些细枝末节的事，而是看他会以怎样的品质去进行决策。有些领导者在重大决策面前胆小怕事，那是因为决策的风险性太大，他们害怕决策失误会损伤自己的声誉，害怕承担相应的责任。其实，这是一种狭隘的想法。如果因为害怕失败或者承担失败的责任，就对问题畏首畏尾，不敢跨出第一步，那么这种领导者无论何时都不可能成为决策大师，并有可能被群众看成是无所作为的庸官。决策本身就是对领导者意志、品行和工作方法的考验，容不得懦弱者立足。我与旁人的不同之处，就在于关键时刻敢于做出重大决策，并以坚强的意志力去执行落实，从而化险为夷，打开局面，成就未来。我的领导力，在不一般的决策力上得到了体现。

我担任湛江经济技术开发区教育局长后，就不得不面对一盘散沙式的教育困局，需要解决的难题一个接一个，并且没有现成的样板可以借鉴，前路充满了变数。这极大地考验了我决策的智慧和胆略。不过，我以教育资源整合这一重大决策为突破口，有效地整合了湛江经济技术开发区的教育资源，从而成功地打开了教育发展的新局面，为教育发展注入了强劲的活力。当然，对于这一成就，我并未满足。我知道自己还有更大的责任。我的抱负就是六年后把湛江经济技术开发区打造成“教育强区”，使湛江经济技术开发区的教育走进全市的先进行列，并使教育与经济同步协调发展，为湛江经济技术开发区的快速崛起提供有力支持。然而，接下来，我又不得不面对湛江经济技术开发区教育存在的一个严重问题，那便是师资薄弱、教育人才匮乏。那么，面对这个严重问题，我该如何运用我的决策智慧去应对呢？我又采取了怎样的方法呢？

第二章

走好决策的“五步妙棋”

对于管理者来说，最重要的在于关键时刻能够做出科学有效的决策。可是，要做出一项科学有效的决策，特别是一项重大决策，谈何容易！拍脑袋决策，到头来往往就是拍大腿后悔。决策不是一时头脑发热的想法，领导者不能一步到位地拍板下定论，否则就会造成不可逆转的负面影响。那么，管理者怎样才能做出科学有效的决策？作为一名教育管理者，我在这方面有自己的想法。面对当地教育相当复杂的现状，我该如何审时度势，如何依靠智慧去灵活应对，然后一步步走好重大决策的棋，从而破解困局呢？

有一句话说得好："决策比才干更重要。"大凡成功人士，为何能在生活和事业上获得双丰收？其原因就是他们在决策上具有过人之处，尤其是在面对人生和事业的重大决策时做得比较出色。决策会让人获得成功感，证明着人的智慧和胆略。不过，决策有时也会让人产生挫败感，因为它使人痛失了良机。

相信不少人对高考填报志愿这件事记忆犹新。莘莘学子十年寒窗苦读，无不盼望考上理想的大学，赢得命运的垂青。可是，到了高考填报志愿这个关键环节，不管是学子本人还是其家人，都会变得谨慎起来，因为他们要做出的是一个关系到命运前途的重大决策。选择哪一所大学、哪一个专业，要考虑的不单单是一个录取不录取的问题，还密切关系着一个人未来的职业发展。填对了志愿，自然满心高兴；填错了志愿，就会懊恼悔恨。在终身大事上，选择一个什么样的伴侣对每个人来说都是一个相当费心的决策问题。常言道："女怕嫁错郎。"其实男也怕娶错妻。两个性格不合的人走到一起，婚姻哪有幸福可言？擦亮眼睛去择偶，成为很多现代青年男女的信条。但是，有些青年男女选来选去就变成了"剩男""剩女"，这也是在择偶时没有解决好决策问题。

其实，每个人都做过决策者。在一生中，每个人都会面临着几次重大决策。这几次重大决策很可能就是命运的重要转折点，将极大地影响着一个人的一生。一个人只有学会决策，懂得决策，才能迎来命运的转机，收获事业的成功，体验生活的幸福，领略人生的美景。倘若总是在决策问题上犹豫不决，怅然无措，那就只能在抑郁中过日子了，甚至被贴上"失败者"的标签。

由此，我们便可得出一个结论：生活无处不决策，决策决定成败，决策影响人生。那么，面对重要的决策问题，人们怎样才能妥善解决它呢？现在，结合我的人生经历，给大家一些决策方面的建议。

1977 年，改革开放的春风吹遍神州大地，整个社会的发展揭开了新篇章。对于当时千千万万的知识青年来说，这是非常特殊的一年，也是终身难忘的一年，因为这一年恢复高考了。通过高考改变命运，成为很多知识青年无限美好的梦想，我也不例外。1978 年，我怀着对教育事业的热爱之情，填报了师范这一志愿。这是我人生的第一次职业抉择，使我与教育结下了不解之缘。

在教育岗位上的 8 年磨炼，使我成长为一名教学骨干教师。1984 年至 1988 年，我所教的学生中有 6 名考上了广东外国语师范学校，创下当时县级中学的纪录。加上多年来担任学校团委书记的优秀表现，我受到了县委领导的关注和赏识。1988 年 8 月，由于工作需要，我调入了县委机关，在党委重要部门工作。这是我人生的第二次职业抉择，也是我人生的重要转折点。

阔别教育战线 22 年后，我选择回到“原点”。2010 年，市委从市直机关挑选了包括我在内的 4 名中层干部到湛江经济技术开发区职能部门任职，我担任教育局长一职。在组织部门干得有声有色，我为何又回到教育战线上呢？这是一个“情怀”问题，我对教育一直怀着深厚的感情。这是我人生的第三次职业抉择，由此开启了我在事业上的新征程。

人生如棋，落子无悔，一步不慎，满盘皆输。能不能走好人生最关键的几步棋，对一个人日后的发展至关重要。一个人要成为自己命运的主宰者，就要下好人生这个大棋局上的几步关键棋。人生最关键的三步棋，我都走好了，为自己赢来了事业发展的良机。

可是，对于人生的几步关键棋，并不是每个人都能走好，人在做决策之时极易受到其他因素的干扰，往往会使决策偏离理性的轨道。美国经济学家哈耶克说：“从长远考虑，我们是自己命运的主宰者；从短期来看，我们是自己所创造的观念的俘虏。”人不可能摆脱观念的束缚，决策也不能摆脱心智的干扰。正因为人类的心智因素影响了决策的准确性，因此就出现了理性与错误选择之分。我为什么能走好人生职业决策的三步棋？这与我的决策智慧有关。

首先，我有自己的人生抱负，在命运的关键节点能够清醒地看清形势，把握准职业发展的方向。

其次，我对事业有执着的信念，心系教育事业。在要不要回到“原点”的决策上，我果断地做出了抉择。

那么，重回“原点”的我，能否再攀教育事业的高峰，铸就辉煌？这显然是一个挑战。毕竟现实中的因素太复杂了，难啃的硬骨头肯定不少。2010 年 2 月 6 日，我走马上任，正式担任湛江经济技术开发区教育局长一职。上任伊始，我就带着领导班子成员，到湛江经济技术开发区各个学校调研。这一调研不要紧，我万万没想到的是，作为全市经济发展的“龙头”，相比于市里其他县区，湛江经济技术开发区教育整体发展水平比较低下。我敏锐地发现湛江经济技术开发区教育存在一个严重问题：师资薄弱。其实，我此前已绘了一幅美好的蓝图：精心把湛江经济技术开发区打造成“教育强区”，全面提高湛江经济技术开发区的教育质量和水平。然而，事实是湛江经济技术开发区教育发展遇到了人才短缺的瓶颈，师资队伍建设较为落后，整体师资力量不足。在我看来，不破解人才短缺瓶颈，不去建设一流师资队伍，何谈“教育强区”创建？何谈教育迅速发展？

如何破解人才短缺瓶颈、建设一流师资队伍，成了摆在我面前的一道亟须解决的难题。这也是一项关于人才培养的战略决策。在自己人生职业决策上，我做到了正确把握。现在，我要做人才战略决策，需要对整个湛江经济技术开发区的教育负责。这个决策责任太重大了，搞得好，将激发本区教育发展的新活力，助推湛江经济技术开发区教育踏上新台阶，可谓“功在当代，利在千秋”！但是，如果搞砸了，就有可能造成一定的负面影响，要背“黑锅”。

我认定，以人才战略为振兴湛江经济技术开发区教育的关键，应该没有错；但是，以什么为载体实施人才战略才是更重要的？为了让这项决策显得科学有效，我曾多次带领调研组深入基层学校进行专题调研。我还主动与学校领导、教师代表座谈，了解教师队伍建设的情况和需求，最后明确了一个决策：“教育人才培养工程”，也就是“316”强师工程。为此，湛江经济技术开发区教育局制订了《湛江经济技术开发区教育人才培养工程实施方案》，面向全员、突出骨干，坚持学历教育与非学历教育相结合，建设一支以教育专家、教育名师、学科带头人为骨干的高素质教师队伍。

以“备好课、上好课、评好课、命好题、育好人”为目标，以提高教师新课程教学能力为重点，开展新一轮教师全员岗位培训，全面提高教师队伍素质。

2010年9月，《湛江经济技术开发区教育人才培养工程实施方案》经过半年的酝酿和论证后正式出台，这个方案的关键就在于“316”。“3”就是培养3个教育专家；“1”就是培养10个名教师；“6”就是培养60个学科带头人。这项工程的战略构想是这样的：充分发挥教育专家的引领作用，大力推动教学名师成长，然后通过教学名师带动学科带头人成长，再通过学科带头人带动整个教师队伍的成长。“316”强师工程启动后，我们开始实施教学名师培养计划，开展培养学习型班子、学习型教师等活动，在全区教育系统迅速掀起学习热潮，形成浓厚的学习氛围。“建教育强区，关键在强师”的理念逐渐深入人心。

当今社会，人才的重要性有多大？下面我们来看一个故事。

松下电器的一次例会上，松下幸之助问一位中层雇员：“在与客户交流的时候，如果客户问到松下电器公司的主要产品是什么时，你如何回答？”

会议室的人都觉得奇怪，松下电器公司的主要产品当然是各种电器了，这还有疑问吗？这位下属与其他人的想法一致，开口便说道：“各种电器。”

松下幸之助听了这位中层雇员的回答后很不满意。他说：“你的回答从根本上就错了。”这话使大家感到莫名其妙，松下电器公司不是生产电器又是生产什么的呢？

松下幸之助接着说：“如果有人问松下电器公司主要生产什么，你们要说松下公司主要是培养人的公司，兼做电器。”

松下幸之助这样说的原因，就在于他认识到人才是企业成长并长盛不衰的核心竞争力。他认为，人才是企业生存和发展的根基，只要能保证企业拥有大量人才，就能生产质量更优的产品。人才之于企业发展的重要性，正如人才之于教育发展的重要性。其实，社会各个行业领域的发展都离不开优秀人才。

我们回过头来分析一下，湛江经济技术开发区的教育发展为什么会遇到人才短缺瓶颈？其实有两个深层次的原因。

第一，不重视教育，没能把人才培养提升至战略决策层面，对教育人才的培养重视程度不够。

第二，没有形成科学的、系统的教育人才培养机制，教育人才成长上升的空间有限，缺乏高层次、高素质的培训机会。

这里有必要来介绍湛江经济技术开发区“两区”整合的现状。2009年10月，基于整合区域优势资源，促进经济又好又快发展的战略需要，上级党委政府力推湛江经济技术开发区和湛江市东海岛经济开发试验区合二为一，组成湛江经济技术开发区。此前，湛江经济技术开发区只注重经济发展，不重视教育发展，甚至没有独立的教育管理机构，教育管理体制上存在很大问题。虽然教师素质普遍稍高，但是教育成果较少，教育发展后劲不足。湛江市东海岛经济开发试验区这边，情况更不乐观，经济基础不好，对教育发展也不重视，教师的待遇普遍较差，教师素质不高，人心不稳，优秀教师和优质生源流失严重，学校教学质量低下。显然，这是一种落后、复杂的教育现状。

面对落后、复杂的现状，能否以“强师”为突破口，推动全区教育的崛起？这实在是一个棘手问题。曾经的人生经验给了我一种智慧，什么智慧呢？就是重视人才，把人才作为重要资源来开发。当年我虽然离开教育战线，但所从事的工作与教育息息相关。在宏观上，我一直从事人才培养开发工作。1991年，为了提升理论水平，我攻读研究生，专业是党的领导和党的建设，以班子建设和人才战略为研究方向。在微观上，我工作的着力点就是服务知识分子，具体落实知识分子政策，并参与县（市、区）党政领导干部基础教育考核。2009年，我就全市校长、教师队伍进行专题调研，全面了解全市教育人才培养的情况。22年组织工作的经历，让我受益匪浅，培养了我较强的综合素质和能力：既熟悉党的政策和党政机关运作机制，特别是掌握了推动战略项目等能力，又熟悉教育治理，属于懂教育的“内行”干部。这就不难理解，面对复杂的教育局面时，我如何能够胸有成竹地做出人才培养的战略决策了。

我判断教育发展形势的一个重要方法，就是大家耳熟能详的“理论联系实际”。这一论断，是马克思主义理论中，最基本的原则之一。其基本精神是达到主观和客观、理论和实践、知和行的统一。理论联系实际，前提是要有扎实的理论功底和深厚的理论素养。所以，领导干部要按照真学、真懂、真信、真用的要求，切实加强理论的学习，做到为提高思想境界而学、为增强工作本领而学、为解决实际问题而学。另一方面，掌握了理论知识，就要善于将其运用到实践之中，让理论彰显价值，让实践体现意义。在担任教育行政领导之前，我对党建理论和人才战略已有了深入而系统的学习和研究，加上经常深入学校进行实地调研，积累了丰富的实践经验。这样，我对当前的教育发展形势就能做出准确的预判，为做决策奠定坚实的基础。

按理说，一个经济发达的地方，其教育水平也不会落后到哪里去。然而，作为国家级开发区，作为全市经济发展的排头兵，湛江经济技术开发区经济高速发展，教育却较为落后，这真是一种反常现象，值得深省！前面已经讲到，湛江经济技术开发区教育落后，主要原因在于人才短缺，教师素质不高。关于这点，我深有感触。有好几次到学校调研，我都惊讶地发现，有些教师竟然还在用方言上课。这显然不符合现代教师最基本的素质要求，与现代教育发展形势格格不入。为此，我多次在全区教育工作会议上尖锐地批评这种用方言上课的不良现象，要求各个学校加大力度整改，形成用普通话教学的良好氛围。还有一个显而易见的事实，就是湛江经济技术开发区的高考成绩不尽人意。2010 年前，湛江经济技术开发区的高考生中，超过大学一本线的学生没有几个，成绩还不如其他县区的学校，高考成绩在全市屡屡垫底。应该说，当地人民群众对湛江经济技术开发区的教育状况是不满意的。

教育的发展，归根到底是人的发展，即教师的发展和学生的发展。湛江经济技术开发区教师水平的落后，导致学生发展的落后，进而造成教育发展的落后。这是一种不良循环的困局，该如何去破解？我提出的“316”强师工程，正是一项击中困局要害的决策，为湛江经济技术开发区的教育发展注入了强劲的动力。

决策箴言：教育的发展，归根到底是人的发展，即教师的发展和学生的发展。

“316”强师工程的实施，引发了湛江经济技术开发区教育系统的热烈反响。有的校长经常在会上提醒教师：“希望你们看清我区的教育形势，你们不抓紧学习，钻研业务，提升素质，将来就可能在竞聘上岗中被淘汰。”有的教师在私下里感叹：“教育局的强师措施太厉害了，学习培训活动一轮跟着一轮，当一天和尚撞一天钟的日子一去不复返了！”校长和教师的思想观念正发生着积极的变化：享乐主义消退了，责任意识增强了，学习劲头提起了。越来越多的校长和教师产生了职业的危机感，对“内强素质，外树形象”的发展理念持认同态度，主动参与到各种学习培训中去。

在实施“316”强师工程的过程中，湛江经济技术开发区还注重实施名师战略，成立了“名师工作室”，利用名师效应发挥名师的示范和引领作用，带动新教师和普通教师成长。2013 年 6 月，在岭南师范学院附中“智慧型教师的成长路径”名师论坛上，我指出向名师学习的重要意义，引起了与会领导、专家和教师的强烈共鸣。在新教师的培训上，我倡导采用名师面对面交流的方式，让新教师在走上讲台前就知道如何成为名师，使新教师怀着良知教书育人，不去误人子弟。2011 年 8 月，我在新教师培训上做了“怀着教育的良知教书育人”的报告，从教书育人的角度对新教师提出了新要求。此外，我在硇洲镇专门召开教育人才座谈会，指出教师热爱教育事业、努力提升自我的重要性。我对教师成长成才的高度重视以及大力推行各种措施，切实地提高了湛江经济技术开发区教师队伍的整体素质。

人才短缺、师资薄弱的教育困境，对哪位教育行政主要领导来说都是一个严峻的考验。对此，有人或许认为提出人才战略决策再正常不过了，应是轻而易举之事。果真如此吗？非也。这里就有一个现实难题：如何争取庞大的项目经费。“316”强师工程是一个重要项目，就是通过公开招聘引进大批高层次、高素质人才，如教育专家、特级教师、骨干教师等。要想给予这些优秀人才优厚待遇，没有有力的经费支撑是不行的。而我提出这一决策的高明之处，在于努力让人才战略引起上级党委政府的高度重视，进而争取经费上的大力支持，使决策得以顺利实施。

我实施人才战略决策，推进“316”强师工程，成效如何？不到两年，大批高层次、高素质的优秀人才充实到湛江经济技术开发区教师队伍中去，大量青年教师迅速成长，全区整体师资力量明显增强。在课堂竞赛、课题研究等方面开始领先于其他县区，中考、高考成绩也逐渐获得历史性突破，湛江经济技术开发区的教育水平开始以每年递增的方式蓬勃发展。那么，我是如何做出这项颇具影响力的决策的呢？

步骤一　敏锐洞察

我到湛江经济技术开发区担任教育局长后，面对的局面，可以用“严峻”二字来形容。湛江经济技术开发区“两区”整合后，重点项目建设开展得如火如荼，经济迅速发展，成了全市经济发展的“龙头”。与经济发展形成鲜明对比的是，教育却很落后，各项教育发展数据基本在全市垫底。落后的教育发展水平如何形成核心竞争力，支撑起强劲的经济社会发展？这是一个令人无比焦虑的问题。有一句话说得很中肯：“教育是推动一个地方经济发展、增强其综合竞争力的强大引擎。”当今世界的经济竞争，归根到底是教育的竞争。一个地区工业化、城市化程度越高，对教育的需求越迫切。我便是在这种严峻形势下“临困”受命的，肩上的担子很重，但强烈的使命感促使我迎难而上。

“两区”整合虽然给教育发展带来了挑战，但是也给其发展带来了机遇。机遇与挑战并存，危机之中有转机。2010 年前，虽然全区教师的数量不少，只有罗倩这名特级教师，尚没有教育专家，至于市级骨干教师也是寥寥无几。特别是很多农村学校，都是由非英语专业的教师任教英语。整体上，教师的学历层次普遍偏低，教学观念陈旧，教学模式老套，职业倦怠感严重。一言以蔽之，教师的素质与湛江经济技术开发区发展的需要仍有一定差距，有待进一步提高。对教育发展中出现的人才危机，我是洞若观火的，所以我看到了转机。

转机就是实施人才战略。在大力推进“316”强师工程之外，我还积极推动湛江经济技术开发区教育局和湛江师范学院外国语学院进行合作，共同构建“人才培养合作共同体”，创新教育人才培养模式。为了让教育人才更好地成长起来，我还建立了教师发展工作坊、教师访问制度。从中可见，作为教育管理者，只有重视人才战略并付诸实施，才能让一大批教育人才迅速成长起来，脱颖而出，使湛江经济技术开发区形成人才高地，迸发出强大的竞争力，助推教育的全面崛起。

这种透过危机看转机的本领，叫作“敏锐洞察”。

在人生和事业的岔路口，具有敏锐洞察力的人往往会捕获先机，获得成功。洞察就是在一个机会还没有显示出它自身价值的时候，在别人都不以为然的时候，你能够发现它潜在的价值。就像做生意一样，大家都去做同样的生意，你可能挣不到钱，甚至会被套住，原因是你发现它价值时早已晚了一步。敏锐的洞察，能为成功赢得先机。

苹果公司在 20 世纪 70 年代起家后，三年之内就进入了世界 500 强企业行列，这种成就是空前的。苹果公司起家，最早靠的是研制出售个人电脑，比 IBM 的 PC 还早，叫苹果 II 号。它的设计师史蒂夫·渥兹尼克在机器设计上非常有创意，但缺乏远见卓识，也没有敏锐的洞察力，认为他们所设计的电脑一年只能销售几百台。当时的企业家、苹果公司的另一位创始人叫史蒂夫·乔布斯，20 岁出头创业，他的看法就完全不一样。乔布斯认为苹果电脑将带来一个巨大的产业，一年可销售几十万台。事实果然如其所料，个人电脑成了一个大产业，史蒂夫·乔布斯后来被里根总统称为“人们心目中的英雄”。

对市场前景的敏锐洞察力是企业管理者极其重要的素质，一个不断壮大的企业需要具有敏锐洞察力和战略判断力的管理者。市场竞争十分激烈，千变万化的市场形势随时都会给企业的生存和发展带来机遇，也随时可能给他们带来危机，甚至灾难。这就决定了企业家必须具有敏锐的洞察力，能够审时度势，洞察市场里的一切可行与不可行，从而趋利避害，抢抓商机。

法国企业管理学家查理斯·H. 塔威尔在《企业的生存战略》一书中指出：“一个战略家的基本美德是敏锐和稳健。”一个成功的管理者应该具备敏锐的洞察力。这种敏锐的洞察力，在做重大决策时尤其重要。正如高手下棋，不仅要看到眼前的一两步棋怎样走，还要着眼于整个大棋局，多看几步棋的走势，然后再谨慎落子。在关键一步上，谁能对棋势看得更清、更准，谁就能胜出。

决策箴言：在关键一步上，谁能对棋势看得更清、更准，谁就能胜出。

上任伊始，我对如何激活湛江经济技术开发区教育的活力已经心中有数。我决定以人才战略、教学改革、文化建设为三大抓手，全面推动湛江经济技术开发区教育发展。那么，我为什么以人才战略为振兴教育的突破口呢？因为我敏锐地洞察到人才在教育发展中的重要作用。“教育的竞争，实质上是科技、人才的竞争。”要甩掉教育落后的帽子，必须依靠人才战略的科学实施。然而，教育人才短缺成为制约湛江经济技术开发区教育发展的瓶颈。这里有必要介绍一个背景，就是“两区”整合后教师的待遇情况。“两区”整合前，湛江市东海岛经济开发试验区教师工资福利待遇偏低，平均工资不足两千块，连住房公积金都没有，买房购车想都不敢想。“两区”整合后，湛江市东海岛经济开发试验区教师工资福利待遇大幅度提高，比原先的增长了数倍，与湛江经济开发区的工资福利待遇持平，很多教师因此能在城里买起高档的商品房，并拥有了心仪的轿车。但矛盾又出现了，一方面是教师的工资福利待遇大为改善了，生活保障水平提高了；另一方面是教师的思想观念、业务素质、工作态度未能跟上去，教学质量仍提不起来。这个矛盾如果不能有效化解，广大人民群众会怎么看？其他县区教师怎么议论？所以，我把第一板斧的功夫砍在了人才战略上，正是敏锐地洞察到了当时湛江经济技术开发区教育亟须化解的师资矛盾。

我们来看一个寓言故事：驴子遇见了想吃它的狼，就假装腿上受了伤，对狼说："我的脚上有刺，请你帮我拔去，免得吃我的时候舌头被刺到。"狼信以为真，专心寻刺，结果一下被驴踢伤了。狼匆忙地逃走，路上忍不住叹气说："天派我做送命的屠夫，我何苦做治病的医生呢！"在危险面前，驴子能幸免于难，正是因为敏锐地洞察到了狼阴险的心机；而狼稀里糊涂地被踢伤，也正是因为对驴子诈伤的表面现象看得不清，洞察力太差了。

成功的决策，前提就在于敏锐洞察；而敏锐洞察需要看得又快又准。决策者做不到这点，决策就会偏离正确的轨道，酿成苦果。

决策箴言：成功的决策，前提就在于敏锐洞察；而敏锐洞察需要看得又快又准。

人才短缺、师资薄弱引发的困境和矛盾，我敏锐地洞察到了吗？当然洞察到了。这一步棋走好了，下一步棋怎么走？我该如何出手呢？

步骤二　准确预测

教育人才中存在的结构性问题，我洞察到了。振兴教育人才的意义，我也了解了。在组织部门工作的时候，我有很长一段时间负责人才的考核工作。很多事实让我更加明确一种认识：重人才，才有发展。如今社会的发展形势也表明：任何竞争，归根结底在于人才竞争，得人才者得天下。可是，这只是经验之谈。当务之急在于，必须全面摸清全区教育人才的情况，避免人才战略决策错误。为此，我与班子成员研究后，决定就全区教育人才队伍建设情况进行专题调研。2010 年 3 月开始，调研组深入学校调研，跟教师、家长和学生进行座谈，对全区教师的年龄、性别、教龄、所教学科、教学能力进行科学分析，然后总结出教师人才量少、结构不合理、高层次人才缺乏等问题。这一专题调研结果，为制订教育人才计划、提出振兴教育人才措施提供了科学依据。

有人说，经过敏锐洞察，决策不是好办了吗？为何还要进行针对性的调研？其实，在一个科学的决策流程里，敏锐的洞察只是第一步，接下来需要准确地预测。靠什么来对决策进行准确预测？这是一个值得决策者深思的问题。靠直觉吗？根据心理学的观点，几乎任何个体的决策行为都脱离不了直觉的影响，即使是那些看起来科学、论证程序很严格的决策，也仍然可以找出受直觉影响的影子来。严格来说，直觉是一种决策资源，能够帮助决策者对问题进行快速的推理和判断。但是，直觉也容易产生失误，导致系统性偏差。通俗点讲，这会使预测“牛头不对马嘴”。

既然靠直觉不能完全让预测准确，那靠什么才能做到呢？答案是大量可靠的信息。决策学上有一句话：“一个成功的决策，等于 90％的信息加上 10％的直觉。”只有决策者收集了大量可靠的信息数据，才能有科学依据地做出准确的预测，避免歪曲和偏见。决策经常受两种时常发生的因素影响，一是决策者想寻求改变的程度，一是受有无信息的程度所影响。这里的有无信息，可以分为两种：有信息是指决策者对整个他所面临的情况有充分的了解，无信息是指决策者对他所面临的情况和目标没有充分的了解。我对全区教育人才情况开展专题调研，正是为了掌握大量可靠的人才信息数据，以便为人才战略决策做出准确的预测。

信息对预测有何帮助？我们现在来看一个案例。

1984 年初，美国《华盛顿邮报》驻莫斯科首席记者杜德尔给报社发回一则爆炸性新闻：苏联领导人尤里·安德罗波夫去世了！这则震惊世界的重要新闻抢在了世界各大国驻苏情报组织的前面，就连美国中央情报局、美国驻苏大使馆和国务院领导人在核实《华盛顿邮报》这则拟发的新闻时，都对其真实性表示怀疑，这则头条新闻只好移到第28版的一个不为人注意的角落里。然而，第二天，苏联的讣告就证实了杜德尔的新闻稿。这位记者是怎样得到这个信息的呢？他只是使用了综合信息推理法。杜德尔综合分析了七个方面的信息判断出安德罗波夫去世了。

（1）安德罗波夫有173天没有在公开场合露面，近几天还不时传出他身体状况不佳的消息。

（2）苏联国防部长暂缓出访。

（3）安德罗波夫之子被从瑞典召回。

（4）这天晚上的电视节目不加说明地将原来安排的瑞典“阿巴”流行音乐改为严肃的古典音乐。

（5）苏联共产党新上任的高级官员耶戈尔·利加乔夫在一次向全国发表电视讲话中破天荒地省略了苏联高级官员在电视讲话前必须转向安德罗波夫问候的习惯。

（6）他驱车通过苏联参谋部大楼与国防大楼时，发现几百扇窗户中都异常地有灯光，而且大楼附近增加了卫兵和巡逻队。

（7）一位通知他苏联高级官员活动内情的朋友没有如期与他通电话。

杜德尔把这一系列现象联系起来综合分析，并与1982年11月勃列日涅夫逝世前的情况进行了比较研究，发现有许多惊人的相似，于是他得出了结论：安德罗波夫已于星期四这一天去世。

从这个案例中，我们可以看到，准确的预测建立在大量可靠的信息基础上。大量可靠的信息从哪里获得？调研，无疑是一个重要途径。多年的工作经验让我清醒地意识到，推动教育发展的出路在于实施人才战略。但是，实施什么样的人才战略，我此前还不是很确定。所以，对于全区教育人才情况，我觉得通过听取汇报间接了解不够稳妥，还需要通过实地专题调研直接了解才行。在现实生活中，有的领导干部在做决策时缺少深入的实地调研，主要依靠直觉，最信赖自己的经验，以为自己的经验如真理一样放之四海而皆准，脑袋一发热就下结论，以便显示权威性。这种未经调查了解就“拍脑袋”的决策，往往会造成不可挽回的损失。

没有调查就没有发言权。调查研究是掌握实际情况、获得正确认识的重要前提，是决策的基本功。有人认为，现代信息技术发达了，只要通过网络、电视、报纸、内部简报等就能“不出办公楼，尽知天下事”，用不着费时费力地“下去”搞调查研究。这显然是片面的。“纸上得来终觉浅，绝知此事要躬行。”无论资讯多么发达、技术多么先进，都代替不了自己的眼睛看、自己的耳朵听、自己的头脑想。也就是说，“键对键”永远代替不了“面对面”。只有深入实际调研，才能掌握第一手资料，为进行决策做好准备。调研和总结是我的专长和优势，仅在制定教育人才培养战略上，我就深入学校召开了19次座谈会。

决策箴言：只有深入实际调研，才能掌握第一手资料，为进行决策做好准备。

调研组专题调研反馈的教师人才少、结构不合理、高层次人才缺乏等信息，印证了我的观点：教育强区，关键在强师。2012年，我在全省校长论坛做了“教育强区，关键在强师”的报告，汇报了湛江经济技术开发区教育局在“两区”整合后两年来加强教师队伍建设的实践情况，主要体现在五个方面：一是以开展师德教育活动为手段，加强教师思想建设；二是以改善队伍结构为重点，建设高素质师资队伍；三是以教师专业化发展为核心，提升教师教学能力；四是以制度建设为保障，创新教师成长机制；五是以人文关怀为根本，注重教师身心健康。

“教育强区，关键在强师”这一远见，是十分准确的战略判断，为“316”强师工程决策的出台做好了准备。教育质量的高低，取决于教师素质的高低。建设高素质的教师队伍是实施教育强区战略的关键，直接关系到建设教育强区工作能否顺利推进。决策学上有一句话：“预测意味着注视将来。”一个善于预测的决策者，对决策目标的发展前景是充满信心的。“316”强师工程实施后，湛江经济技术开发区的教育工作将展现一幅怎样的景象呢？我相信，教育人才将会大量涌现，将产生人才聚集效应，湛江经济技术开发区的教育将焕发生机和活力。时间给出了正确的答案：“学习型”党组织、“研究型”教师队伍如雨后春笋般涌现出来；名校长、名教师、名班主任工作室等在很多学校陆续成立。良性的教师成长机制迅速形成，可喜的名师品牌效应逐渐凸显，湛江经济技术开发区的教育人才优势正在不断扩大，迎来了发展的春天。

总结起来，我在做预测时主要有两个策略：第一，开展深入实际的专题调研，掌握大量可靠的决策信息数据；第二，对决策目标的发展前景充满信心，相信明天更美好。这些经验都是我们在决策中需要借鉴吸收的。

事物发展的复杂性和不确定性，让人们在对其进行预测时往往感到茫然，不能做出准确的论断。有的人之所以能成为决策高手，是因为他在决策前善于做出预测，并且预测得比较准确。这体现了一个人的卓识和远见。而我正是凭借准确的预测和过人的胆略，才有效掌控了决策的方向，在困境中找到了实施人才战略的思想路径。学会准确预测，决策才不至于乱了方寸。准确的预测，让我走好了决策的第二步棋。那么，接下来，我决策的第三步棋怎么走呢？

步骤三　慎密分析

我既然准确地预测到了实施人才战略决策的理想路径和发展前景，那么为何不立马拍板，给出定论呢？在我看来，洞察也好，预测也好，都只是做好决策的前提和基础，决策必须经过一个思考和分析的过程才更科学。这是我决策的谨慎之处。“316”强师工程能不能顺利推进？会不会遇到阻力？教师们愿意积极配合吗？有无抵触情绪？会有教师把它当作形象工程来对待吗？这些都是决策后可能出现的问题，需要在决策前进行慎密的分析，做好应对准备。

其实，刚一上任，我烧的“三把火”就在教师中烧开了锅，引起了很大的震动。这“三把火”是开展学习型、研究型教师活动，竞聘上岗，有效课堂人人达标。教师们一时间人心惶惶，议论纷纷。有的教师抱怨：让我好好教书不就行了吗，哪有时间应付这应付那？有的教师感叹：这个局长也太厉害了！这饭碗不好端了。有些教师有了危机感，这是好事，毕竟有了压力才有动力，才能开拓进取。然而，还有些教师不以为然，认为教育局推出的几项创举很快就会像一阵风一般消失，不必紧张。教师的多种想法反馈到我这里，也让我深刻地认识到一个问题：两区整合后，还有很多教师的思想观念没有转变过来，仍停留在过去时。湛江经济技术开发区的经济像高铁一样飞驰，而教育像慢牛一样散步，这说得过去吗？不管是教育部门的管理者，还是广大校长、教师，都难以向家长、向社会交代，都有愧于心。如此看来，教师落后的思想观念，就是推进“316”强师工程的最大阻力。

我认为，作为湛江经济技术开发区的教师，必须外树形象，内强素质，适应新形势教育发展的要求。也就是说，新形势下，湛江经济技术开发区的教师要彰显与时俱进的教育理念，展现焕然一新的精神面貌以及昂扬向上的师道风采，才能对得起“新区”这两个字。倘若教师还是处于当一天和尚撞一天钟的状态，那么无论如何都说不过去。如何激发大家工作、学习和研究的积极性？这个难题一直萦绕于我的脑海中。苦思之际，我再次想起一句话：“教育强区，关键在强师。”以人为本的管理智慧，应是破解关于人的难题之“法宝”。既然教师身上系着难题之“结”，为何不引导教师自己去解“结”呢？所以，只有大力推进“316”强师工程，充分发挥示范引领作用，以先进带动后进，才能激活教育的一潭死水，唤醒教师沉睡的教育激情和智慧，最终转变教师落后的思想观念。

我有一个坚定的信念：教育强区，关键在强师。只有让教师“强”起来，教育才有发展前途。可是，在严峻的形势下，教师落后的思想观念制约着自身进一步的专业发展，他们依旧停留在不学习、不进取的状态。这对任何人才战略决策都是有杀伤力的。因此，能不能想方设法转变教师的思想观念，让教师以全新的形象和状态投入工作，是决策中必须考虑的问题。

搞清楚“316”强师工程将会遇到的最大阻力后，我心里就有一本明白账了。决策过程并不是一个瞬时的过程，需要经过理性的思考和充分的分析，对存在的问题要考虑全面、深入，特别是要将问题的症结细致地寻找出来，想办法解决，绝不可草草了事。“两区”整合后，教育人才短缺、师资薄弱是一个客观存在的问题，实施“316”强师工程正是一项正确的人才战略决策。然而，问题的症结就在于教师落后的思想观念难以转变。对此，我进行了慎密的分析，以扫清决策思路上的阻碍，这正是走好了决策的第三步棋。在决策之初进行分析、评估活动，也就是术语上的“元决策”。美国教育家约翰·杜威一针见血地指出：“把问题讲清楚就等于解决了一半。”一个精心设计的元决策，就是把问题充分分析清楚，把可能遇到的困难和麻烦考虑具体。

决策箴言：一个精心设计的元决策，就是把问题充分分析清楚，把可能遇到的困难和麻烦考虑具体。

那么，对问题未经充分分析就草率决策，有何后果？我们来看一个故事。

1985 年，由马来西亚国营重工业公司和日本“三菱”汽车公司合资 2.8 亿美元生产的新款汽车“沙格型”隆重推出市场。马来西亚政府视之为马来西亚工业的“光荣产品”，产品推出后，销售量很快跌至低潮。经济学家们经过研究，认为“沙格型”汽车的所有配件都从日本运来，由于日元升值，“沙格型”汽车的生产成本急涨，再加上马来西亚本身经济不景气，所以汽车的销售量很少。此外，最重要的因素是政府在决定引进这种车型时，主要考虑的是满足国内的需要，因此技术上未达到先进国家的标准，故无法出口。由于在目标市场决策中出现失误，“沙格型”汽车为马来西亚工业带来的好梦，只是昙花一现。

马来西亚国营重工业公司为决策失误付出了沉重的代价，主要原因在哪？显然，主要原因就在于马来西亚政府在决策时未能对汽车的成本、市场定位等问题进行充分分析，风险评估严重不足。实际上，越是重大的决策，所产生的影响力就越大，而所面临的风险系数也就越高。缺少充分分析论证的决策是盲目的决策，往往会将决策者置于危险境地，到头来使决策者后悔莫及。

要做决策，就必须面临各种问题的考验。可以说，决策的过程就是分析问题、解决问题的过程。那么，决策时怎样才能对问题分析得充分、科学呢？在这方面，我是把决策时可能出现的问题或困难罗列出来，分析其中的原因，特别是对关键问题分析得最深入。实施“316”强师工程，必然遇到各种各样的问题或困难，如教师思想观念陈旧、资金投入不足、制度保障不完善、实施效果差强人意等。把这些问题或困难一一分析清楚后，这项决策的准确率就提高了。这种系统分析方法，就是决策学上的画“错误树”法。“错误树”是一个旨在帮助决策者发现解决某个“错误”或问题的所有途径的树形图。“错误树”可以详细展示导致一个复杂系统出现问题的各种原因，从而帮助决策者科学评估各种困难的可能性。这是一个最简单的分析方法，值得决策者借鉴。

决策难，难在问题分析上。我进行问题分析时，主要做到了两点：第一，对问题考虑全面、深入，能找出问题的症结所在，并想办法解决；第二，采取系统分析方法分析问题，提高决策的准确率。

由于对问题有了充分的分析，我在“316”强师工程决策上有了很大的胜算。这步棋走好了，下一步怎么走呢？

步骤四　开放听取

在决策之前，我已做好了洞察、预测、分析三项前期准备工作，是不是就可以自己拟订一份关于人才战略的最佳方案了呢？我没有这么做。因为我明白，任何一项科学有效的决策，都需要广泛征求意见，凝聚集体智慧。美国社会学家 T. 戴伊指出：“正确的决策来自众人的智慧。”集思广益，众志成城，一个人的决策智慧是难以跟一个集体的决策智慧相比的。只有善于吸纳团队成员建设性意见的管理者，才能在众多备选方案中确定最佳方案，做出科学有效的决策。我是怎样做到这点的？

从“两区”整合后教育的现状出发，我提出了人才战略构想。这一战略构想，得到了上级领导的高度赞赏和大力支持，还得到了有关专家学者的肯定。在一次参加高端人才培训中，专家对人才战略意义的解读引发了我的共鸣。在与专家探讨人才战略的过程中，我对人才战略的认识进一步加深了，这也坚定了我实施人才战略、大力振兴教育的信心和决心。然而，以什么样的项目为载体去实施人才战略呢？这又是一个难题。为此，我多次深入各个学校调研，与学校领导、教师代表交流，了解各个学校师资队伍的结构和水平，听取他们对人才战略的看法。

我认为，现在湛江经济技术开发区最缺的是教育专家，为什么不培养几个教育专家呢？骨干教师虽然也很少，但是很多优秀教师都具有成为骨干教师的潜力，应该加以培养。所以学校可以通过发挥教育专家的引领作用，推动教学名师成长，然后让教学名师带动学科带头人，再让学科带头人带动全体教师。如此层级引领和带动，必能盘活教育人才资源，激发人才潜力，促使教育人才培养进入良性循环系统。于是，我根据调研情况，组织班子成员和教研室的同志深入研讨，最后大家一致认可“强师工程”这一提法。在培养多少名教育专家、教学名师和学科带头人的问题上，我根据有关提议，结合自己的想法，提出了“316”这个概念，就是培养 3 位教育专家、10 位教学名师和 60 位学科带头人。就这样，经过半年的酝酿和论证，“316”强师工程成为最佳方案被确定了下来。

在重大人才战略决策上，我并不是一个人“说了算”，而是广泛征求意见，凝聚集体智慧，因此决策实施后得到了广大教师的认可和支持。从中可见，作为一名优秀的决策者，应该具备开放的心态与包容的胸怀。

“海纳百川，有容乃大”，是说要像大海容纳无数江河水一样胸襟宽广，以容纳和融合来形成超常大气。作为一个组织的管理者，必须具有大海一般开放与包容的胸襟，勇于承担责任，善于听取不同建议和意见。特别是在做重大决策的时候，要坚持群策群力的原则，汇集集体智慧。“子绝四：毋意，毋必，毋固，毋我。”（见《论语·子罕》），这是孔门弟子对孔子的评价：孔子有四个绝学，不以主观意识妄断客观现实，不犯绝对主义错误，不固守成规而深知变通，不存我见以事实说话。这道出了一个人做人的智慧，也给了决策者有益的启迪。

下面这个关于决策的经典案例，道出了管理者虚心听取下属建议的奥妙。

世界最大零售企业沃尔玛的创始人萨姆·沃尔顿并不是高新技术发烧友，但是在1983年，他听取了一个下属的2400万美元的投资计划。这个人就是负责公司数据处理的格伦·哈伯恩，他建议建立一个卫星系统。

沃尔玛无疑将成为尝试这项技术的“第一个吃螃蟹”的零售企业。风险是存在的，但它有两大优势：第一就是它有助于事必躬亲的沃尔顿与员工之间的交流，因为沃尔顿坚持到每一个店铺视察，但随着连锁店数量的增加，这变得越来越困难；第二就是卫星系统有助于沃尔顿及时了解库存、跟踪每个店的日销售额及新产品的上架等问题。

四年之后，卫星系统的建成使得沃尔玛的销售业绩一路飘红。1985年，卫星系统完工前两年，沃尔玛的销售额为84亿美元，而10年后已经升至936亿美元，又10年后已达到2880亿美元。

沃尔玛的创始人萨姆·沃尔顿虚心听取下属建设卫星系统的建议，从而使销售业绩一路飘红，缔造了一个零售业帝国。可见，一个人的智慧是有限的，一个人对事物的认识也容易受局限性的影响。只有不断地从他人的见解中汲取合理的、有益的成分，来弥补自己的不足，才能减少失误，取得不错的成绩。所以，善于倾听别人的意见和建议，是每一个有志于成功的人必须具备的品格。刚愎自用、妄自尊大、听不进别人意见和建议的人，不但会阻碍自己进一步的发展，还可能给团队带来不必要的损失。作为管理者，要想让自己的决策获得成功，就要积极地与团队成员研讨交流，以豁达开放的胸襟听取团队成员的意见和建议，让集体智慧发挥出强大的决策合力。在重大决策上，集思广益、吸纳集体智慧，是管理者必备的素质。

决策箴言：一个人的智慧是有限的，一个人对事物的认识也容易受局限性的影响。只有不断地从他人的见解中汲取合理的、有益的成分，来弥补自己的不足，才能减少失误，取得不错的成绩。

的确，在决策上，我们也应该注意听取多个人的意见和建议。早在汉代，王符在《潜夫论·明暗》中便说："君之所以名者，兼听也；其所以暗者，偏信也。"所谓"兼听"，即听取多方面的意见，这样才能明辨是非，正确地认识事物；单听信一方面的话，就会糊涂，犯片面性的错误。团队中的每个成员都受自身知识、经历等因素的局限，难免在一些事物的见解上有所缺失，如果把多种意见集中起来，进行综合、比较、鉴别，从而去粗存精，自然就更科学、合理。

不过，有时意见多了，采纳哪一种也会变成一个令人苦恼的问题。在讨论关于"强师工程"的教育专家培养对象数量时，我就遇到了不同的意见，有的提议培养 1 个，有的提议培养 3 个，有的提议培养 10 个。后来，我和团队成员了解到目前仅有 3 名教师的资质能达到教育专家的培养要求，并具体了解了培养对象本人的想法，于是做出了培养 3 个教育专家的决定。在决策过程中，团队成员的意见和建议多了不可怕，可怕的是鸦雀无声，没有人愿意提出意见和建议。决策学有一句话："绝不能在没有选择的情况下，做出重大决策。"意见和建议多了，可供选择的方案就多了。此时，作为决策者就要善于咨询、甄别、筛选，采纳合理的、有价值的部分，制订出最佳方案。

决策的第四步棋"开放听取"，我也走好了。总结经验，主要有三点：

第一，广泛征求意见，凝聚集体智慧，不固守己见，不妄自尊大；第二，面对多方面的意见和建议，善于咨询、甄别、筛选，采纳合理的、有价值的部分；第三，坚持民主决策原则，把握决策的程序性和公正性。因为把握好了这三点，我离正确的决策又走近了一步。

一个高明的决策者，明白自身认识的局限性，懂得从团队成员那里获得决策的灵感和智慧，从而解决现实难题，制订最佳方案。在重大决策上集思广益、群策群力、民主协商，是决策者理应秉持的原则。那些习惯于个人“说了算”的决策者，难以保证决策的程序性、科学性、公信力和质量，往往会造成令人遗憾的不良后果。我在决策时做到了兼容并包，集思广益，那么在最后决断时，又该以怎样的心态去面对呢？

步骤五　果断决断

从高考志愿填报师范专业，到调入组织部门工作，再到去湛江经济技术开发区教育局任局长，我在人生这三次职业选择上都做对了，成功地掌控了自己的命运之舵。不管是在哪一个岗位上，我都是抱着开拓进取的心态去工作的，都干得有声有色。所以，在面临关键的人生职业选择时，我能从责任意识、使命意识和奉献意识出发做出明确且无悔的决断。这种决断，就是一种人生智慧，就是一笔宝贵的精神财富。

担任教育局局长后，我很快就面临着经济发达、教育落后的严峻局面，这让我想到把实施人才战略作为突破口。可是，如何因地制宜地实施人才战略，这是一个很大的决策挑战。经过专题调研、充分分析和多方论证，我最终在 2010 年 9 月底确定“316”强师工程为最佳方案。这个过程历经半年多的时间，实非一件轻松的事。那么，“316”强师工程的最佳方案选择在哪个时机向全区教育系统颁布并实施呢？这又是一个问题。在与班子成员讨论这个问题时，大家都认为最佳方案既然已经制订出来，就应该尽快实施，不要再观望、犹豫，以免贻误时机。我对大家的看法表示赞同，也认为决策必须当机立断，不可延迟，但必须选择一个时机。2010年10月国庆节长假过后，“316”强师工程方案向全区教育系统公布并实施。

决策，其目的就是解决人们生活和工作中的各种问题。可是，有的人即使发现了问题，也会听之任之。在心理学上，把人们面对问题逃避、拖延，以致酿成不良后果的现象称为“延迟陷阱”。“等等再看吧，现在问题还不严重。”“事情还在我们的承受范围之内，变革可能让我们得不偿失。”这就是迟疑不决的心理，很多人常常犯这种毛病。作为决策者，必须避免自己掉入“延迟陷阱”。试想，面对教育人才短缺的严重问题，如果我抱着“等等看”的心态，甘当“太平官”，那么教育落后的现状就不可能得到转变。在变与不变之间摇摆不定、不能果断决断的人，是难有大作为的。

决策箴言：在变与不变之间摇摆不定、不能果断决断的人，是难有大作为的。

每个人在生活中都经常面临种种选择。如何选择极大地关系着人生的成败得失。人们都希望得到最佳的结果，所以常常在选择之前反复权衡利弊，再三斟酌，甚至犹豫不决，举棋不定。不可否认，人们的决策行为往往会受到以往的经历、决策的风险、信息的缺失以及对未来的观望等因素的影响。这些影响因素看似合理，其实都是一些似是而非的错觉。作为决策者，要尽量避免这些错觉的干扰，在确定目标和方案后果断决策。如果我们犹豫不决，就会错失良机，最终一无所获。

我们来看看一头驴是如何饿死的。

法国哲学家布里丹养了一头小毛驴，他每天都会向附近的农民买一堆草料来喂它。

这天，送草料的农民出于对哲学家的景仰，额外多送了一堆草料放在旁边。这下子，毛驴站在两堆数量、质量和与它的距离完全相等的草料之间，可为难坏了。它虽然享有充分的选择自由，但由于两堆草料价值相等，客观上无法分辨优劣，于是它左看看，右瞅瞅，始终无法分清究竟选择哪一堆好。

于是，这头可怜的毛驴就这样站在原地，一会儿考虑数量，一会儿考虑质量，一会儿分析颜色，一会儿分析新鲜度，犹犹豫豫，来来回回，在无所适从中活活地饿死了。

毛驴最终之所以饿死，是因为左右两堆草料它都不想放弃，它不懂得如何做决策。人们把这种决策过程中犹豫不定、迟疑不决的现象称之为“布里丹毛驴效应”。

《聊斋志异》中也有这样一则故事：两个牧童进深山，入狼窝，发现了两只小狼崽。两个牧童各抱一只分别爬上大树，两树相距数十步。片刻，老狼来寻子。一个牧童在树上掐小狼的耳朵，弄得小狼嗷叫连天，老狼闻声奔来，气急败坏地在树下乱抓乱咬。此时，另一棵树上的牧童拧小狼的腿，这只小狼也连声嗷叫，老狼又闻声赶去。老狼就这样不停地奔波于两树之间，终于累得气绝身亡。

这只老狼为什么会累死？原因就在于对每一只小狼都不想放弃。实际上，只要它守住其中一棵树，至少能救回一只小狼。老狼所犯的错误同样体现了“布里丹毛驴效应”。“布里丹毛驴效应”是决策者之大忌，是每位决策者应当铭记的教训。“两区”整合后，湛江经济技术开发区教育人才短缺问题成了严重制约教育发展的危机，但是危机中并非没有转机。我正是发现了危机中的转机，没有等待观望，没有优柔寡断，而是迅速启动人才战略决策的前期工作，并在“316”强师工程的最佳方案上明确决断，拍板定论。至此，我走了第五步棋，赢得了棋局的胜利。

果断决断，是一名管理者应当具备的优秀素质。作为管理者，我是如何养成果断决策的良好素质的呢？我认为可以归结为以下三点。

第一，意志坚定，迎难而上。面对问题不回避，不等待观望，迅速深入研究对策。

第二，辨清形势，紧抓时机。在目标和方案确定后不优柔寡断，而是迅速决断。

第三，主动作为，勇于担当。以积极的心态迎接挑战，用认真的态度做好决策工作。

时间证明，“316”强师工程是一项极具影响力的科学决策，很多具有潜力的教师因此迅速成长，一大批省、市级教育专家、教学名师、骨干教师脱颖而出。几年后，湛江经济技术开发区的优秀教育人才脱颖而出，各种教学、教研成果有了前所未有的发展，教育面貌焕然一新。

决策非易事，因为决策者要承担责任，冒很大的风险。成功决策，更非易事，因为这需要决策者的智慧和胆略。在成功决策过程中，我有无诀窍？这里面又会发生什么样的精彩故事？

第三章

决策制胜的“三字诀”

成为一个决策高手，做出成功的决策，这是很多管理者的美好愿景。可是，成功绝非偶然，必有其窍门可循。在这方面，我作为教育管理者，曾做过很多关于教育方面的成功决策，那么我在成功决策时究竟运用了哪些关键秘诀呢？

每一个人都渴望成功。追求成长、渴望成功和实现自我是人的本性使然，是人正常的心理需要。在人的一生中，求学成功、事业成功、恋爱成功、婚姻成功、做人成功等，都是十分美好的愿望。每一个人都想成为一个成功者，希望自己的一生是非凡的、卓越的、辉煌的。成功不是天上掉下来的馅饼唾手可得，也不是瑰丽的海市蜃楼遥不可及。其实，成功者之所以为成功者，是因为他们拥有了开启成功之门的“金钥匙”。这样的“金钥匙”，就是获得成功的关键秘诀。

作为管理者，从管理工作的影响作用来看，决策成功是最大的成功，决策失误是最大的失误。也就是说，管理者只有决策成功了，管理工作才算成功，也才能有所成就。所以，很多管理者的美好愿望就是成为一个决策高手，做出成功的决策。跟获得其他成功一样，管理者要获得决策成功，就要善于运用一些关键秘诀。那么，运用什么样的关键秘诀才能获得决策成功呢？这是一个令不少管理者感到无比困惑的问题。

关于这个话题，我们要从湛江经济技术开发区教育局获得的一项殊荣说起。

2011 年，全省建设学习型党组织工作协调小组在对湛江经济技术开发区教育局的考评中，认为我局“大兴学习之风、多拓教研之路、广开人才之门、崇尚师德之风”的学习特色突出。全省学习型党组织建设示范联系点的选点工作是在省建设学习型党组织协调小组领导下进行的，由各地市申报，然后层层筛选，好中选优。2011 年 4 月 12 日，在广州珠岛宾馆召开的全省学习型党组织建设工作交流会上，湛江经济技术开发区教育局被确定为全省 13 个“第一批省级学习型党组织建设示范联系点”之一。

2011 年 5 月 17 日，全市举行“第一批省级学习型党组织建设示范联系点”揭牌仪式。市委常委、宣传部部长以及湛江经济技术开发区有关负责人一同为荣获此称号的湛江经济技术开发区教育局揭牌。

在揭牌仪式上，市委常委、宣传部部长发表了热情洋溢的讲话，代表市委对湛江经济技术开发区教育局在学习型党组织建设上所取得的优异成绩表示热烈的祝贺。宣传部部长指出，湛江经济技术开发区教育局获此殊荣，是全市学习型党组织建设的一面旗帜，为全市全面开展创建“学习型党组织建设示范联系点”工作提供了很好的经验。他希望湛江经济技术开发区教育局能够成为各机构学习的榜样、理论学习的典范、落实制度的典范、学习创新的典范、学以致用的典范；希望湛江经济技术开发区教育局进一步建立健全专题学习、专题调研、学习成果转化工作等制度，继续抓好以党组中心组为龙头的干部学习工作，广泛开展提高教学质量、师德师风的专题调研，取得一批教学成果，推出一批高质量学术文章，创新教学方式，改进教学方法，提高教学质量，打造与开发区经济发展相适应的教育格局，为建设幸福城市、实现快速崛起提供强大的思想保证和精神动力。

湛江经济技术开发区教育局获此殊荣，这不仅是全区的荣誉，也是全市的荣誉。对此，市委有关领导和湛江经济技术开发区有关负责人都给予了我们充分的肯定和赞赏。湛江经济技术开发区教育局是2010年组建的，它仅用短短的两年时间就获得了这样的荣誉，实在不简单，可以说是一个“奇迹”。我带领教育局班子成员认真落实中央《关于推进学习型党组织建设的意见》和省委《关于推进学习型党组织的实施意见》，积极探索学习型党组织建设工作的有效途径和方法，坚持把建设学习型党组织活动作为提升教育队伍的重要举措，努力打造与湛江经济技术开发区教育发展相适应的格局。

我上任伊始，就向全区教育系统下发了一个文件。这个文件就是《关于在全区中小学开展创建学习型班子、学习型教师和师德师风教育活动的通知》，也就是湛江经济技术开发区教育局的1号文件。这个文件直接反映了我在教育管理工作中的核心理念——“创建学习型组织”。1990年，美国麻省理工学院彼得·圣吉教授的经典著作《第五项修炼——学习型组织的艺术与实务》面世，首次对学习型组织理论进行了全面而深入的阐述，在全球掀起了组织转型的热潮。那么，“学习型组织”的内涵是什么呢？学习型组织是一个不同凡响的、更人性化的组织模式，它有着崇高而正确的核心价值、信念与使命，具有很强的生命力与实现梦想的共同力量，不断创新，持续蜕变。它首先是一个学习团队，其次是一种更人性化的组织模式，最后其成员有着共同的价值观和共同愿景。

正是出于对学习型组织建设的高度重视，我率先在湛江经济技术开发区教育局建设学习型党组织，在短期内就获得了上级的认可和褒奖。我准备以教育局学习型党组织为“指挥部”，在全区各个中小学校建立学习型班子、学习型教师队伍，进而推动学习型学校的建设。

我之所以能够深刻地认识到建设学习型组织的重要性和必要性，是因为我对时代发展形势解读准确。

在党校的研究生学习经历，让我对党建理论有了比较深入的了解，而多年的组织部门工作经历，又让我形成了很强的政治敏锐性。长期以来，我非常关注国家的政策方向和战略决策部署，对时事发展动态比较了解。在认真学习和解读党的十六大、十七大报告时，我敏锐地发现了一个重要信息。什么重要信息呢？就是党的十六大、十七大报告连续指出要“建设全民学习、终身学习的学习型社会”。事实证明：我的发现是有价值的。党的十六大以来，创建全民学习、终身学习的学习型社会热潮在全国蓬勃兴起，成为教育发展和社会建设的重大成就之一。2010 年，《国家中长期教育改革和发展规划纲要（2010—2020 年）》颁布，确定到 2020 年“基本形成学习型社会”。后来，党的十八大报告进一步提出“完善终身教育体系，建设学习型社会”的发展目标，并把它当作实现全面建成小康社会重大战略任务的根本保障。报告强调要从战略高度进一步提高对终身学习重要性、紧迫性的认识，以终身学习理念为指导加强和改进学校教育，大力发展继续教育，高度重视和加快推进教育信息化，切实加强学习型社区、学习型组织和学习型城市建设，全面开创学习型社会建设的新局面。

从 20 世纪四五十年代以来，在原子能、电子计算机、微电子技术、航天技术、分子生物学和遗传工程等领域取得的重大突破，标志着新的科学技术革命的到来。这次科技革命被称为第三次科技革命。它是人类文明史上继蒸汽技术革命和电力技术革命之后科技领域里的又一次重大飞跃，是涉及信息技术、新能源技术、新材料技术、生物技术、空间技术和海洋技术等诸多领域的一场信息控制技术的革命。它不仅极大地推动了人类社会经济、政治、文化领域的变革，而且影响了人类的生活方式和思维方式，使人类社会生活和人的现代化向更高层次发展。它产生了一大批新型工业，使第三产业迅速发展。其中最具划时代意义的是电子计算机的迅速发展和广泛运用，其开辟了信息时代。它也带来了一种新型经济——知识经济。知识经济发展程度的高低已成为各国综合国力竞争中成败的关键所在。

在21世纪，科技水平的日新月异一直推动着经济的发展，人类在创造了丰硕资本后，还没来得及为自己的成就欢呼，就已全面进入信息社会与知识经济时代。毫无疑问，所谓信息社会就是脱离工业化社会以后信息将起主要作用的社会。在信息社会中，信息成为比物质和能源更为重要的资源，以开发和利用信息资源为目的的信息经济活动迅速扩大，逐渐取代工业生产活动而成为国民经济活动的主要内容。特别是因特网普及之后，人们身处信息海洋之中，而且新的信息以指数爆炸的形势递增着。面对信息泛滥的时代，太多的知识涌向了教育，使得教学内容急剧膨胀，人们的学习压力越来越大，几乎不可能以个人的努力换取成功。解决这个难题的一个重要对策，就是创建学习型组织。此外，信息时代迅猛发展的势头使全球各个国家都面临着很大的压力和挑战。为了应对压力和挑战，很多国家都注重创建学习型社会；而学习型社会必须依托全社会学习型组织的普遍建立，才能逐渐形成。

通过准确解读时代发展形势，我对创建学习型组织有了以下两点认识。

第一，创建学习型组织是为了适应当代科学技术高速发展、知识更新速度加快、经济和社会不断发展与变革的需要，是新形势下人们不断提高自身素质与能力的迫切愿望。

第二，创建学习型组织是体现以人为本、办人民满意的教育的重要标志。

但是，在创建学习型组织上，有些部门、地区和组织尚未从思想认识上真正予以重视，没有将这件大事提上重要议事日程。很多人将终身教育片面理解为成人教育，将终身学习当作一种培训学习任务去应付。大力推动各个学校创建学习型组织是教育部门不可推卸的工作职责，是教育部门时不我待的重要任务。令人遗憾的是，有些地区的教育部门在这方面做得还不够，不少学校还未能形成浓厚的学习氛围，不少教师还未能树立起终身学习的理念，明显滞后于时代发展形势。

在湛江经济技术开发区，我通过调研发现不少学校还不是学习型学校，还未建立起学习型班子、学习型和研究型教师队伍。相当一部分教师除了学校安排的外出培训学习和参加学校的一些任务性教研活动外，平时的自主性学习极少，对合作性学习更是缺乏热情。更有甚者，很少认真读过一本专业书籍，也没有读过一本教育刊物，甚至连堆放在办公桌上的报纸都懒得翻一翻。那么，这些教师的业余时间去哪儿了？据了解，他们的业余时间大多用于玩乐，习惯于过得过且过的“轻松”日子。对于教育系统的这种“懒惰”现象，我深感痛心。究其原因，一方面与教师的职业倦怠有关，教师的专业成长到了一定阶段，就会遇到“高原期”，无法获得进一步的突破，会陷于成长的困惑。另一方面与本地区教育的大环境有关，学校不注重学习文化的营造，教育部门也不积极倡导和推动学习型学校的建设，没有形成激励教师成长的机制。

在这个知识快速更新的信息时代，教师如果不自觉、主动地去学习和研究，何以更新自己的知识结构，完善自己的知识体系，从而应对新一轮基础教育课程改革的挑战，培养出有进取心、视野开阔、有创新精神的学生？当教师的发展处于停滞状态，那么势必制约学校的发展，进而影响教育质量的提升。教育发展缓慢，会严重影响社会的发展。这样的“蝴蝶效应”，不能不说是教育的一大尴尬。如何化解这样的尴尬？我的重要对策，就是创建学习型组织。我和班子成员一致认为，只有以提高教师个体的学习力为切入口，通过培养一批学习型和研究型教师，形成良好的组织学习氛围，提升团体学习力和研究力，进而创建学习型学校，提高教师队伍的整体水平，提升学校的综合实力，才能适应湛江经济技术开发区经济社会强劲发展对人力资源的需要。

如此看来，我上任伊始就提出创建学习型组织的主张，在全区中小学开展创建学习型班子、培养学习型教师和提高师德师风教育活动，是恰逢其时而又格外重要的决策。这一决策大有“搅活一潭死水”之奇效！它切中了湛江经济技术开发区教育的一大“病灶”，为湛江经济技术开发区教育的健康发展及时地下了一剂良药。我审时度势做出这项决策，是出于对形势的准确判断和对时机的恰当把握。《易经·系辞》中说“唯几也，故能成天下之务”，讲的就是时机对于事业成败的关键作用。管理者在进行决策时，要特别重视对决策时机的把握。在决策行为上，时间判断具有重要意义。如果完成某项工作只需要 60 分及格即可，那就可以早些做出决定；而越是重大的工作，就越需要具有弹性的时间判断。管理者需要培养自己的判断力，即对时机做出判断的能力。这就是一种远见。

威勒是 18 世纪美国最负盛名的房地产商和银行家，但他在发家之前不过是一家银行的小职员。他由于勤快肯干、机灵诚实，得到了老板的信任，很快升为主管，负责房地产方面的投资。凭着对房地产方面逐渐深入的了解，他对行业发展前景有了独到的见解。

18 世纪是美国历史上大规模的开发建设时期，房地产炙手可热。在华盛顿的近郊有一块地皮，威勒认为有无限的开发前景，应该买下来，但同事们不同意他的观点，老板也拿不准。威勒坚定地说：“美国的经济正处在大发展时期，无数的农民涌到城市里来，华盛顿用不了几年就会人满为患，到时必须扩大城市规模，而那块地皮将成为开发建设的首选。”老板凭着对威勒的信任，最终同意让他买下那块地皮，并由他负责那里的开发工作。

就在威勒买下地皮后不久，华盛顿政府做出了一个决定，要在那里兴建新的商业中心，作为华盛顿的新城。一年后，威勒买下的那块地皮的价格一夜间飞涨了 10 倍。所有的同事都对威勒佩服得五体投地，威勒的那个决定让老板一夜间挣了数百万美金，威勒也因此获得了 10 万美金的奖励。

在那个时候的美国，10 万美金已是一个不小的数目。威勒决定以这 10

万美金为资本，自己干一番事业。他从自己熟悉的房地产开始，逐步扩大到其他行业，后来成为美国著名的房地产商和银行家。威勒的成功在于他与众不同的见解和远见。

国内企业界也流传着这么几句话：有30％的成功把握，要考虑去做；有50％的成功把握，要着手去做；有80％的成功把握，要决心去做；有100％的成功把握，一定不要做。因为有绝对把握的事情，别人早就动手去做了。世界上没有绝对正确的或完美的决策。对于管理者来说，成功，关键在于快速而准确地决策，迅速而有力地行动。但是，从管理工作的实际来看，许多管理者在决策实践中往往只重视决策的程序和内容，却忽视了决策的时效。丧失了时效的决策，其正确性将荡然无存，将导致竭尽心智做出的决策变成刻舟求剑似的徒劳。

信息时代，是速度创造价值、赢得利润的时代。思科系统公司总裁兼首席执行官总裁约翰·钱伯斯在谈到新经济的规律时指出："现代竞争已不是大鱼吃小鱼，而是快鱼吃慢鱼。"惠普公司的有关资料表明：如果一项新产品从创意产生到商品化的过程是5年，其间若研究与开发延误半年，则利润会减少50％。新产品上市后，由于马上会出现一批追随者，市场竞争将使价格每年下跌30％～50％，有的产品价格甚至将下跌70％。速度决定利润时代的到来，使得企业的发展主题由20世纪80年代的产品质量、20世纪90年代的企业再造演变成了当今的创新速度。与此相对应，速度已成为当今信息时代最关键的决策变量。因此，现代社会要求决策者具有一定的效率，因为只有这样才能适应瞬息万变的社会竞争。犹豫不决，有意或无意的拖延会降低决策的效率。

决策箴言：速度已成为当今信息时代最关键的决策变量。

我做出决策的独到之处，就在于抢抓速度，把握时机，只要看准了目标，就果断出手，绝不拖延。这就是我获得成功决策的关键秘诀。果断出击、绝不拖延是一切成功人士一贯的作风，而被动出击、犹豫不决则是平庸之辈的共性。仔细研究便会发现一个成功的秘诀：积极主动的人都是率先抓住机会果断决策的人；而被动的人则是优柔寡断，会找借口拖延，直到最后失去机遇，只会懊悔的人。我第--时间出台了创建学习型组织的1号文件，速度快，时间准。如今，学习型组织作为一种重要的治理理念，已成为湛江经济技术开发区教育局在新形势下提高教师队伍整体素质的一个重要抓手。通过建设学习型班子、学习型和研究型教师队伍，湛江经济技术开发区教育局绘就了教育的共同愿景，凝聚了教育的发展之力，给教育提供了可持续发展的动力源泉。

决策不是一种静态的智力游戏，而是一种动态的追寻最大综合效益目标的抉择过程，具有极强的时效性。对于一个决策者来说，有时勇气、魄力甚至比他的能力还要重要。决策者要有迅速做出判断和选择的能力，敢于对事件的过程和后果全权负责。顾虑重重、畏缩不前，不仅会丧失良机，还可能产生更多的风险。那么，面对重要决策，我是如何抓住时机，果断出击的呢?

要诀一　必记“机”字，机不可失是决策的关键

古人讲时机，大都与军事谋略有关。《孙子兵法·计篇》指出：“计利以听，乃为之势，以佐其外。势者，因利而制权也。”就是说，策略定了，还要善于抓住时机，让各种有利条件为我所用，方能制胜。孙子还以“滚石头”的比喻来说明时机的重要性：“故善战者，求之于势，不责于人，故能择人而任势。任势者，其战人也，如转木石……故善战人之势，如转圆石于千仞之山者，势也。”这里说的是，倘若能抓住时机，就能形成高屋建瓴、势如破竹之势，办起事来就如同滚着石头下山，一顺而百顺。反之，如果错过了良机，则处处被动，办起事来就如同推着石头上山，不仅吃力不讨好，还可能被滚落的石头砸伤。比喻贴切，寓意深刻，值得我们

认真揣摩和思考。

作为一名决策者，我对于决策时机的出现尤为敏感。从时代背景看，随着社会的快速发展，科学技术日新月异，信息爆炸成为常态，终身教育思潮在全球广泛兴起，终身学习理念逐渐得到人们的认可。在国家层面上，党的十六大、十七大相继提出建设学习型社会，倡导全民学习的良好风气。作为教育部门，在构建终身教育体系、建设学习型社会上责无旁贷，在引导教师牢固树立终身学习理念、扎实开展学习研究上义不容辞。一言以蔽之，形势逼人，时不我待。

然而，在湛江经济技术开发区，还有相当一部分教师对终身学习不以为然，思想观念比较落后，看不到终身学习的重要意义，跟学习型、研究型教师的标准差距较大。为什么这些教师不喜欢学习？有的老教师这样认为：我都教这么多年书了，学习不会起到什么实际作用了，这应该是年轻人的事情。有的年轻教师则这样认为：我是堂堂的大学本科毕业生，在师范大学里已学习了足够的专业知识，完成学校安排的工作任务绰绰有余，干吗还要在学习和研究上浪费时间？在这个信息时代，不坚持学习意味着什么？落后！教师落后了，就无法成为先进知识的代表，难以提高教学质量和创造教学成果。湛江经济技术开发区的教育质量长期落后于全市各个县区，一个重要的原因就是很多学校没有形成良好的学习和研究氛围，以及有些教师不能坚持学习和研究。

俗语说："要给学生一杯水，教师要有一桶水。"其实，这"一桶水"的提法早已过时，教师拥有"长流水"才能面对瞬息万变的社会、面对渴求知识与创新能力的学生，这已是教育界的共识。那么，教师怎样才能拥有"长流水"呢？这就必须依靠长期的读书学习，以及深入的教学研究，成为一名学习型和研究型教师。此外，随着新一轮基础教育课程改革的深入推进，教师的教学方式和学生的学习方式发生了根本性的变革，而教师原有的知识结构、专业素养和教学水平已无法适应其要求。此种形势下，如果教师忽视学习和研究，那就是相当危险的了。

我正是由于看到学习与研究之于当今教师成长的重要性和紧迫性，才在上任伊始马上做出“创建学习型组织”的决策，及时地抓住了时机。更为关键的是，我看到了一个重要的教育趋势：21世纪的学校发展，挑战与机遇并存。湛江经济技术开发区与湛江市东海岛经济开发试验区整合为湛江经济技术开发区后，教育发展面临着难得的机遇，也面临着巨大的挑战。机遇在哪？湛江经济技术开发区的经济发展加快了，综合实力增强了，而新组建的区委区政府高度重视教育发展，做出了创建“教育强区”的战略部署。不过，湛江经济技术开发区所整合的两区所处地域不同，湛江经济技术开发区已经城市化了，湛江市东海岛经济开发试验区还远远未能达到城市化的水平，因此学校在办学条件、办学理念、管理切入点、教师素质等方面都存在着明显的不同之处。对于作为教育管理者的我来说，这实在是一个挑战。但是，矛盾对立面相互转化的哲学原理告诉我们：事物发展的不利因素与有利因素并不是一成不变的，只要正确应对、顺势而为，就可以化不利为有利。湛江经济技术开发区教育发展的确存在着不少不利因素，但也包含着重要的机遇，关键就靠把握机遇了。把握机遇、应对挑战、统一思想、引领方向，已成为新成立的湛江经济技术开发区教育局的中心工作。“创建学习型组织”决策的适时提出，正好为此提供了强力支持。

决策箴言：事物发展的不利因素与有利因素并不是一成不变的，只要正确应对、顺势而为，就可以化不利为有利。

当主客观条件基本具备的时候，能否抓住时机，果断行动，往往成了决定事业成败的关键。楚汉相争时，给韩信当过谋士的蒯通关于时机有一句名言：“功者难成而易败，时者难得而易失。时乎时，不再来。”其意是说，功业难得成功而容易失败，时机难以把握却容易贻误。时机啊时机，失去了就不会再回来。作为决策者，必须牢记“机”字，机不可失是决策的关键。在我看来，如何在数年后成功创建“教育强区”，在教育质量和水平上赶超其他县区，办好让人民满意的教育，是一项艰巨的任务，必须抢抓时机，及早布局，做足准备。为此，在其他县区还未重视在各个中小学校大力创建学习型组织时，我已果断行动了。

关于决策要抢抓时机的道理，有这样一个著名的历史故事。

唐朝初年，高祖李渊为了平定天下，委派将军李靖担任行军总管兼行军长史，统率大队兵马去攻打江陵的萧铣。萧铣部兵马甚众，所在处更有长江三峡陡峭天堑，易守难攻。李靖认真分析了敌我双方的形势，迅速决策，很快做好战斗准备。不久，浩浩荡荡的大军雄赳赳地向江陵进发。萧铣的探子得到李靖大举进攻的情报，急急忙忙赶回江陵向萧铣报告。萧铣大吃一惊，继而哈哈大笑，向部将说道："眼下秋色潇潇，寒气逼人，他李靖几十万兵马能飞过长江不成？再说三峡天险，危路岌岌，他纵是神通广大，也难免葬身鱼腹。我想李靖不过是虚张声势罢了，不必多虑。"经萧铣这么一说，部将们也都放下心来，放松了防守。

九月，李靖率领三军将领经过长途行军，来到长江边。只见江水横溢，白浪滔天，其势如千军万马，奔腾咆哮，令人心惊胆寒。有位将领见此情景，便向李靖建议说："江水泛滥，三峡险峻，战士们渡江一定十分困难，依我看，不如等江水退了我们再打过江去。"

李靖站在高处，面对滔滔江水用力地挥着手，语气坚定地说："现在一定要渡过江去，打他个措手不及！要知道，兵贵神速，机不可失。我们突然来到这里，萧铣一点儿也不知道。他只以为我们被江水阻隔，不会马上进攻。我们必须在他还没有调集兵马之前，趁着这江水猛涨的大好时机，以迅雷不及掩耳之势一下子攻到城下。这才是用兵的上策。"将领们听了这席话，个个奋勇争先。在李靖的指挥下，战士们很快攻下夷陵，杀伤敌军数万，掳获船只四百余艘。接着，他们乘胜前进，占领江陵，消灭了萧铣政权，统一了江南。

《兵经百篇·争》云："战者，争事也。兵争交，将争谋，将将争机。"大意是：战争就是争夺与对抗。在战争中，士兵与士兵比战技，将领与将领比谋略，而最高统帅则与对方争夺战机。战争的胜负，关键在于最高统帅对战机的把握。从某种意义上来讲，决策的成败，关键在于决策者能否抢先抓住时机。

美国战略规划研究所的统计数据表明，在500个成熟行业中，第一个进入市场的公司的平均市场占有率是28%，早期跟进的公司的市场占有率是21%，而其余所有公司的平均占有率是21%。商场如战场，谁比别人早几步抓住商机，谁就会成为商战的胜利者。第一批下海经商的人——富了，第一批买原始股的人——富了，第一批买地皮的人——富了。他们富了，因为他们敢在大多数人还在犹豫不决的时候就做出实际行动。商业机会的竞争总体上是公平的，商机大家找，信息人人有，同行处处在。竞争最后的结果往往取决于商家行动快半拍还是慢半拍。管理者就像全能运动员一样，有时候比的是耐力，是在残酷的竞争中坚持下去的意志；有时候比的是爆发力，看谁在事业发展中领先一步。你如果总能比别人先一步行动，成功往往就会垂青于你。围棋上有句口诀“宁丢数子，不失一先”。有了先手，就有了主动权，就能处处先发制人。

一个“机”字，道出了决策的奥秘。在复杂多变的形势中，作为管理者，谁能敏锐地发现事物发展的时机，并能抢先一步抓住时机，谁就有可能成为最大的赢家。但是，如何做才能发现事物发展的时机呢？这倒是一个值得管理者思考的难题。发现时机、抓住时机对管理者来说极为重要，那么我是怎样做的呢？

时机藏在哪里？其实，时机常常就出现在我们身边，会通过一些重要信息显示出来，只不过一般人不易觉察而已。我之所以要迅速做出“创建学习型组织”的重要决策，就是因为发现了党的十六大、十七大报告中建设学习型社会的重要信息，发现了终身学习的重要意义。我是一个喜欢学习、善于思考的管理者、决策者，业余时间大多用来读书看报，对时事报道中反复出现的重要信息比较关注。特别是关于“学习型”的信息，更是激起了作为学习型管理者的我内心深处的共鸣。这也说明了一个道理，管理者做决策要把握好时机，做自己最擅长的事，这样才能发挥自己的优势，扬长避短，在竞争中处于优势地位。

有人说：“这是一个信息时代，谁掌握了信息谁就能获得成功。”信息里蕴藏着时机，是决策成功不可或缺的关键。但是信息是死的，它具有价值但本身不会产生价值。而且，信息的最大特点就是过期作废。信息越及时，它的价值就越高；反之，如果时过境迁再去使用它，势必会贻误时机。这就要求决策者应该具备抓住时机、果断出击的魄力和能力。那种办任何事都犹豫不决的人就只能在失去时机的后悔中痛苦不已。

事实证明：我做出“创建学习型组织”的决策，很好地抓住了时机。着力建设学习型、研究型教师队伍，正是时代赋予教育管理者的使命，是教育“三个面向”的需要，也是全面实施素质教育的必然，是信息时代到来的要求。那么，在“创建学习型组织”的决策中占了先机后，下一步如何行动呢？这里面又有什么关键秘诀呢？

要诀二　必记“谋”字，最佳方案是决策的前提

我做决策的第二个关键秘诀，就体现在一个“谋”字上。在我看来，决策前还需要深谋远虑，寻找最佳方案，尽量避免可能出现的糟糕状况或者风险。

不同的决策会导致不同的结果。对于管理者来说，决策绝不只是一句话、一个命令或一份文件。做决策需要严密的思考和科学的分析，不能想当然，不能只凭直觉和一时冲动。不可否认，优秀决策者的直觉可能具有较高的科学性，也许他在一念之间得出的结论，许多理论工作者需要进行大量的推理论证才能得出。但是，直觉未必就能“百发百中”，直觉判断不可能都是正确的，很多曾经辉煌一时的企业家最后就栽在自己的一个错误的直觉判断上。无论做什么决策，都要事先进行理性、科学的论证和评估，做好每一个细节，防患于未然。

在提出“创建学习型组织”决策之前，我做了两件事。这两件事对决策最佳方案的制订起到了关键性的作用。

我做的第一件事是拜访教育专家王栋教授。王教授在教育学、社会学等方面的研究有很高的造诣，特别是在建设学习型社会、倡导终身学习理念方面有着自己成熟的想法。我拜访王栋教授的目的就是为了论证和评估“创建学习型组织”这一决策在湛江经济技术开发区教育系统中的科学性和可行性。我明白，越是重要的决策事项，越是要多聆听有关专家学者的看法和建议，只有做到坦诚交流，才能突破思维的局限性，让决策更完美。在交谈中，我讲述了创建学习型组织的缘由：一是为了促进教师的专业发展，二是为了提高湛江经济技术开发区教育的整体水平，三是为了实现“教育强区”的目标积蓄力量。王教授对此表示赞赏，认为我的理念比较超前，踩准了时代发展的节拍。王教授也提出了自己的建议，就是创建学习型组织要多以学习活动为载体，发挥校长的带头示范作用，鼓励教师主动、积极读书学习，营造良好的学习氛围，构建书香校园。经过分析和论证，我对“创建学习型组织”的决策有了一定的把握。

我做的第二件事是在教育局班子会议上讨论“创建学习型组织”这一决策事项。重要决策事项必经班子成员讨论，是我一贯的务实作风。对于我在全区各中小学创建学习型组织的设想，班子成员一致认为是一个抓住时机、切合区情的好主张，应当尽早启动。在讨论中，有的成员还提出作为现代教师单单善于学习是不够的，还要善于研究，两者兼备才能有效提升自身的专业素养，所以不仅要开展学习型教师队伍建设，还要开展研究型教师队伍建设。还有成员认为，为了“创建学习型组织”的决策部署能够迅速地落实到各个中小学校，需要同步开展师德师风教育活动，从思想上进行大动员。班子成员的大力支持和合理建议，让我深感欣慰。于是，湛江经济技术开发区教育局1号文件《关于在全区中小学开展创建学习型班子、学习型教师和师德师风教育活动的通知》就这样诞生了。后来在学习型教师队伍建设成功开展的基础上又开展了研究型教师队伍建设，研究型教师队伍建设成为这项决策的重要补充内容。

明朝首辅张居正有一句名言：“天下之事，虑之贵详，行之贵力，谋在于众，断在于独。”这说明了一个道理，就是管理者在决策事项中要深思熟虑，虚心听取他人的意见和建议，分析和论证决策实施后可能出现的正效应和负效应，然后进行合理的调整，最后再做决断。这也是制订最佳方案的一个法则。为了实现决策目标，解决存在的问题，管理者就要分析现有的各项主客观条件，创造新的条件，研讨对策，拟订各种准备实施的方案。拟订完善的方案，就要打开思路，从不同角度做多方面的大胆探索，力求不漏掉各种可能途径。

做决策时，制订供选择用的各种可能方案，是决策的基础。如果只有一种方案，决策者只能在“是”与“非”之间选择，就无法做出成功的决策；只有在多个可供选择的方案中进行研究，在“优”与“劣”上选择，做出成功的决策。

1631 年，英国剑桥商人霍布森在从事马匹生意时，想出了一个特别的营销策略。霍布森向众人承诺：“买我的马，或是租我的马，只要给一个低廉的价格，就可以随意选。”但是，霍布森又附加了一个条件：只允许挑选能牵出圈门的那匹马。其实这是一个圈套。霍布森在马圈上只留一个小门，大马、肥马、好马根本就出不去，出去的都是些小马、瘦马、懒马。显然，霍布森的附加条件实际上就等于告诉顾客不能挑选。大家挑来挑去，自以为做出了满意的选择，其实选择的结果可想而知。这种没有选择余地的所谓挑选，被人们讥讽为“霍布森选择”。

“霍布森选择”是一个陷阱，在这个“陷阱”里，决策变成了一种形式。国外许多经营决策者常利用这样的格言提醒自己：“如果你似乎感到只有一条路可走，那这条路很可能就是走不通的。”在现实生活中，“感到只有一条路可走”的情况似乎并不鲜见。人们为什么会掉入“霍布森选择”这样的陷阱之中呢？这与人们思维的封闭性和趋同性不无关系。所谓思维的封闭性，是指看不到客观世界、系统环境的开放性。这种思维的封闭性又导致思维的趋同性，使得人们的思维活动总是朝着一个方向进行，不会去寻找新的视角，开辟其他可能存在的途径。思维的封闭性和趋同性，都会使决策只有一种声音，使判断只有一种考量。

决策箴言：如果你似乎感到只有一条路可走，那这条路很可能就是走不通的。

要避免掉入“霍布森选择”这样的陷阱里，决策者就需要克服思维方式上的封闭性和趋同性，去充分认识客观世界、系统环境的开放性，开阔视野的多维性。客观世界是不会让人只走一条路的。客观世界是统一的，但它绝不是单调的。在事物的运动和发展中，存在着各种可能性集合所形成的“可能性空间”。在开放性的社会大系统中，决策者完全可以去开拓多维视野，进行多样化的选择。此外，决策者在进行“多方案选择”时，头脑中应当有“来自自我”和“来自他人”的不同意见。从“来自自我”角度上看，决策者在考虑问题时，应该让多方面的问题充分暴露出来，从而把自己思维过程中那些不必要的成分丢掉，让思路畅通无阻。从“来自他人”角度上看，一项选择的优劣，一种判断的正误，不取决于意见的一致与否。只有以不同的观点、不同的判断为基础，才会做出最佳的决策。优秀决策者在确定某项决策时，总是尽可能地在与他人交往的过程中吸纳不同意见，继而从多个角度弄清实施决策到底应该是怎样的。

在重要决策上，我的“善谋”，就在于能够克服自身思维方式上的封闭性和趋同性，不仅依靠“来自自我”的直觉判断和实践经验，而且主动听取“来自他人”的不同意见，进行多维思考和多向选择，从而避免掉入“霍布森选择”这样的陷阱里。在“创建学习型组织”决策方案的内容设计上，我考虑到首先在教育局班子成员中开展学习型活动，创建学习型科室、学习型干部队伍，凝聚强大的党组织力量；然后在全区各个中小学校开展建设学习型班子、学习型教师队伍活动。在听取他人的意见后，我又把学习型和研究型教师队伍的建设有机地整合起来，以丰富多彩的活动为载体，来激发广大教师学习和研究的热情，从而促使湛江经济技术开发区师资队伍的水平得到全方位的提高，使其真正适应教育形势的发展。这样，“创建学习型组织”决策方案经过相应的调整和补充，发挥出了最佳的正效应，体现了应有的作用和价值。

对于管理者来说，做决策的过程是一个冒险的判断过程，要从诸多备选方案中做出选择，然后凭借极大的勇气向组织内外的人宣布自己的预测。如何让这一过程的冒险系数实现最小化？我归纳出了制订最佳方案的四条准则。

第一，预想方案实施后最有可能出现的状况。决策者要推测从决定某个解决方案的那一刻起，事情将会朝什么方向发展。如何就它与相关人员进行沟通？哪些人与之相关？接着将会发生什么？事情将会如何发展？将会有哪些事件？如何应对最不确定的因素？

第二，进行对立面思考。只有进行对立面思考，决策者才能清晰地看到决策含有的各种困难和阻力，才能针对各种情况制订一些具有可行性的假定方案。这种对立面思考方式，会从不同方面给决策者带来更多的决策灵感。

第三，找出可能导致方案失败的原因。注意关键的不确定因素是如何导致最糟糕的情况出现的。同时，罗列其他原因，是什么原因直接导致最糟糕情况出现的？在做好应对最糟糕情况出现的准备后，认真思考：为避免方案失败，应该采取哪些措施？

第四，寻找调整方案的办法。在方案初步拟订后，问问自己：怎样才能对方案进行调整，使之更顺利地付诸实施，达到最优化的效果？

从理想的目标出发，决策者当然希望把目标实现的所有可能、所有途径、所有手段和方法都设想和考虑到。这样所制订的方案就会更优化，决策成功的可能性也就越大。

决策者之“谋”，在于善于为决策找到最佳方案，使决策顺利实施，创造效益。但是，决策者要明白，许多正确的决策都是由当机立断的勇气以及不断的修正促成的。因此，决策者不要过于追求完美而优柔寡断、犹豫不决，从而否定一个又一个可能入选的最佳方案。那样做会使决策者陷入无路可走的困难境地。在这方面，我是怎么做的呢？我能否做到当机立断，一锤定音？

要诀三　谨记“决”字，当机立断是决策的基础

优秀管理者必备的基本素质之一就是当机立断：凡是已经认定的事情，应立即行动，果断出击。当机立断正是我做决策的第三个关键秘诀。这个关键秘诀在“创建学习型组织”的重要决策上得到了生动体现。

2010 年 3 月，我刚上任不到一个月，就向全区各中小学下发了《关于在全区中小学开展创建学习型班子、培养学习型教师和提高师德师风教育活动的通知》，吹响了“创建学习型组织”的号角。对此，有些人感到很惊讶，想不到教育局这么快就出台了一个这样的文件。有的教师议论：在学期初搞师德师风教育活动不就行了？还要搞什么学习型班子、学习型教师建设？真是让人感到“压力太大”！有的教师感慨：这“新官上任三把火”的“第一把火”真可谓烧得既快又旺！那么，这项决策能经得住时间的考验吗？其实，在这一点上，我很有胜算，因为我认为做这项决策已经具备了“天时、地利、人和”的条件。“天时”就是当今时代发展形势和基础教育课程改革趋势呼唤学习型、研究型教师队伍的建设；“地利”就是“两区”整合后的湛江经济技术开发区正进入大建设、大发展的关键机遇期，需要教育与经济同步发展；“人和”就是湛江经济技术开发区的教师队伍在新形势下逐渐释放出了新活力，展现出了新风貌。后来，时间证明了我的判断是相当准确的。

为了让“创建学习型组织”的文件精神迅速落到实处，在我的主持下，湛江经济技术开发区觉民局召开了声势浩大的动员会，过后多次派出工作小组到各个中小学检查和指导这项工作的开展。“创建学习型组织”决策实施后，各个中小学校纷纷开展创建学习型班子、学习型和研究型教师队伍活动，买书赠书、读书沙龙、抒写心得等成了校园的新气象。湛江经济技术开发区觉民中学以板报、横幅等形式大力宣传创建学习型组织活

动，吹响了“打造学习型班子和教师队伍，构建书香型和谐校园”的号角；区高级职业中学通过举行隆重的授书仪式，进一步激发了广大教师的学习热情；湛江经济技术开发区第一中学紧紧围绕学校整体工作思路，“以学习、研究、提高”为主线，以教师的全面发展为中心，积极营造“人人学习，时时学习，处处学习”的氛围；湛江经济技术开发区第一小学还派出多批次教师外出考察学习，汲取书香校园建设的有益经验。有些学校还举行读书征文比赛活动，并对读书先进个人进行表彰。所有学校掀起了读书学习、开展研究的热潮，教师们学习的劲头更足了，参加教研活动的热情更高了。

果断出击、绝不拖延是成功人士一贯的作风，而被动出击、犹豫不决则是平庸之辈的共性。犹豫不决固然可以免去一些做错事的可能，但同时也失去了成功的机遇。很多重要决策对时间的紧迫性要求很高，机会稍纵即逝，如果管理者瞻前顾后，不能及时做出决策，那么再优化、再完善的决策也解决不了问题。一名管理者，面对形势变化应该明白怎样迅速采取措施，大刀阔斧，雷厉风行，拿出一名领导所应具备的魄力和勇气，不可优柔寡断，患得患失，或者过分求全责备，凡事都求万无一失。实际上，管理者的任何决策都是在已知条件有限的情况下做出的，根本不存在各种条件都一清二楚、结果也一目了然的决策。管理者只有在日后才能判断当初的决策明智与否。优秀的管理者需要当机立断，看准了就要果断出击，绝不拖延。

决策箴言：果断出击、绝不拖延是成功人士一贯的作风，而被动出击、犹豫不决则是平庸之辈的共性。

但是，在实际工作中，并不是每个人都能当机立断地把握住机会的。有些人往往瞻前顾后，患得患失，当断不断，以致错失良机。

有一个美国人看中了印度人的三幅画，美国人愿以每幅 200 美元的价格将三幅画全部买下，而印度人要价每幅 250 美元，美国人犹豫了。印度人二话没说点火将其中一幅烧掉了。美国人忙表示愿以每幅 250 美元的价格买下剩下的两幅画，印度人则开价 400 美元。在美国人犹豫之际，他又烧掉了其中一幅画。只剩下最后一幅画了，美国人再也不敢犹豫，马上表示愿以高价买下这幅画，最后以 950 美元成交。

美国人犹豫不决、优柔寡断，最后输给了果断的印度人。这个故事生动地说明了一个道理：当人们举棋不定时，等待他的将只有遗憾。

历史上“鸿门宴”的故事，就给后人上了一课。刘邦的花言巧语把项羽给迷惑住了，项羽于是迟迟不肯摔杯为令除去刘邦这个心腹大患。刘邦虎口脱险之后，笼络人心，积蓄力量，很快就与项羽展开了逐鹿中原的楚汉之争。结果项羽战败，自刎而死，留下了千古遗恨。

韩信的谋士蒯通对把握机遇果断行动和临事犹豫不决两者做了个生动的比喻：“猛虎之犹豫，不若蜂虿之致螫；骐骥之跼躅，不如驽马之安步。”此话是说大老虎迟疑不前还不如敢于进攻的小马蜂；千里马徘徊不定还不如凡马的慢步前行。在这种决策思想的支配下，蒯通给韩信出过不少把握机遇、果敢行动的好主意，辅佐韩信打了不少胜仗。

正如一名优柔寡断的将军不可能成为优秀的将军一样，一个优柔寡断的管理者也不可能成为优秀的决策者。一个成功的管理者曾说：“资历很好的人实在很多，但都缺乏一个非常重要的成功因素，那就是果断性。”果断是指一个管理者敢于适时、合理地采取行动，是其行动力的具体体现。在竞争激烈的现代社会里，决策者需要当机立断，否则会贻误时机，最终一无所获。

为什么有些人当断不断呢？有两个原因：其一，事情比较棘手，想拖一拖，等方便时再着手处理。殊不知，当办而难办之事，并不会因时间的推移而降低难度，反而会因错过办事时机而变得更难办。其二，利弊得失不是很明朗，想看得更清楚一些再着手处理。殊不知，世事如同博弈，你看不清时，对方同样也看不清。等到你看清了，对方同样看清了，事情的难度非但不会降低，反而使你连赌一把的机会也失去了。所以，卓有成效的管理者，对当办之事总是当机立断，绝不会犹豫不决。

我的“创建学习型组织”决策，其实只是符合了管理者看准目标就做、绝不半途而废的作风。当机立断的决策要诀，让我在开创教育发展新篇章上初战告捷。通过大力开展学习型、研究型教师队伍建设的活动，湛江经济技术开发区各个学校充分地调动了教师们学习、研究和工作的积极性，激发了教师们热爱教育、投身教育的事业心，促进了教师们的“二次成长”。正因如此，湛江经济技术开发区教育局有效地建设了一支师德修养好、理论水平高、学科造诣深、业务技能精的现代化师资队伍，整个师资队伍水平获得了有效的提升，教学质量有了很大的进步。一个不争的事实是，近几年来湛江经济技术开发区学校申请立项并顺利结题的国家级、省级和市级课题数量居全市第一，多位校长、教师在全市课堂教学竞赛中获得第一名，而湛江经济技术开发区于2015年也获得了省级“教育强区”的称号。

教育质量和成果的渐有起色，无不验证了我当初及时做出“创建学习型组织”决策的明智性。决策的“三字诀”，最终为我赢得了“创建学习型组织”决策的成功。不过，决策并不是想做就做、随随便便的事，决策者必须坚持有关的原则才行。那么，我在决策时到底坚持了哪些原则呢？这里面又有什么精彩故事发生？

第四章

决策坚持的“四项原则”

当决策遇到了挑战或发生变化时，管理者往往会感到一种无形的压力，担心自己的失误会造成不良的后果。那么，管理者应该怎样做才能有效地避免决策的失误呢？在这方面，因为我能够遵循决策的有关原则，并且坚持下去，所以有效地避免决策失误。那么，我在做决策时坚持了哪些科学合理的基本原则呢？

天有不测风云，人有旦夕祸福。

有些灾祸的发生，事先是无法预料的。未来世界的不可预测性，常常使人们的内心深处缺乏安全感，使人们以一种疑惑的眼光去看待眼前事物的发展态势。每做出一个决策，人们都无法预知即将降临的是“挫折”还是“机遇”；也无法明白这是黎明前的黑暗还是黑夜前的序曲。决策结果的不确定性，难免会让人担心意外的出现或失误的发生。在选人用人决策上，我便遇到了人们对决策结果有所疑虑的问题。

2011年，是湛江经济技术开发区实现“两区”整合后的第二年。从这一年开始，湛江经济技术开发区的教育资源也逐步进行了整合，从学校的布局调整到师资的重新配置，再到教育人才的引进培养，以及学习型班子的建设、学习型和研究型教师队伍活动的开展，每一项工作对于我来说都是极其重要的，也都对湛江经济技术开发区教育的发展产生了非同寻常的影响。值得一提的是，湛江经济技术开发区教育局对学校进行大规模的布局调整后，该撤并的学校撤并了，该安排的教师安排了，该分流的学生分流了，这一系列“动作”都没有出过什么乱子，大局继续保持稳定，教育焕发了新的活力。不过，学校经过布局调整后，还有一个重要问题需要妥善解决。如果这个重要问题得不到妥善解决，那么就有可能致使之前的教育工作成果化为泡影，并打乱接下来的教育改革部署，影响到湛江经济技术开发区整个教育发展的大局。

那么，这个重要问题是什么呢？它就是学校的校长以及中层干部的选拔任用。这个问题中尤其重要的是重点学校校长的选拔任用，因为它能引起教师、家长和社会公众的高度关注及无数猜想。重点学校校长，是教育系统中的重要职位，其重要作用不言而喻。有句话说得好：“一个好校长就是一所好学校。”一所学校究竟“好”还是“不好”，关键在于校长“好”还是“不好”。对于重点学校而言，这个“好校长”必须是达到一定“档次”的，要能继续擦亮重点学校的“靓丽名片”，进一步提升学校的办学质量和水平，进一步丰富学校的办学内涵和品位，进一步打造学校的办学品牌和特色。一言以蔽之，重点学校校长要对得起“重点”这个牌子，对得起上级教育行政部门的信任，对得起家长和社会公众的热切期望，也对得起自己的良心。所以，选择由什么样的人来担任校长，考验着上级教育行政部门负责人的决策智慧。

湛江经济技术开发区第一小学就是一所重点学校，不过其名气还只是局限于湛江经济技术开发区的范围之内，跟教育强区霞山区最负盛名的第十二小学相比，实力还是弱得多，在教学质量、课堂竞赛、课题研究、文化建设等方面都存在明显的差距。一句话，湛江经济技术开发区第一小学的知名度和影响力还比较小。然而，不管怎样，湛江经济技术开发区第一小学毕竟是湛江经济技术开发区的重点学校，相对于本区的其他小学，硬件和软件建设较为完善，师资力量较为雄厚，教学教研成果较为出色，各种荣誉也获得了不少，已有扎实基础。并且，湛江经济技术开发区第一小学目前最大的优势是在两区整合后迎来了难得的发展机遇。新组建的湛江经济技术开发区教育局对湛江经济技术开发区第一小学的建设和发展高度重视，我作为教育行政部门的主要负责人，对此更是十分关心，我希望把湛江经济技术开发区第一小学打造成一所在全市乃至全省都具有知名度和影响力的名校，希望它能够与霞山区第十二小学相媲美。所以，如何为这所重点学校校长一职物色合适的人选，便摆上了湛江经济技术开发区教育局的重要议事日程，成了一道颇具挑战性的用人决策考题。可以肯定的是，这个校长人选应该是湛江经济技术开发区教育系统里的一个“重量级”人物。

湛江经济技术开发区第一小学的校长人选之谜，在人们的期待中于2013年春季被揭开。这位校长是何许人也？他就是来自民安镇新民小学的林文智。新民小学是民安镇的中心小学，林文智是该校的校长。对于这个结果，很多人觉得不可思议。在他们看来，湛江经济技术开发区第一小学好歹是一所重点学校，而民安镇新民小学充其量是一所在全镇范围内小有名气的农村学校。让一位农村学校的校长去管理一所名气响当当的重点学校，这行得通吗？一时间，惊羡者有之，不服者有之，质疑者有之，嫉妒者有之……总之，这一打破常规的校长任命一石击起千层浪，在不少人的心里画上了一个大大的问号。可是，我对林文智出任湛江经济技术开发区第一小学校长充满了信心，也坚信他能把湛江经济技术开发区第一小学带出“水平”，带出“档次”。

“我劝天公重抖擞，不拘一格降人才。”这是清朝著名思想家、文学家龚自珍《己亥杂诗》一诗中的名句，其意是说：我劝上天重新振作精神，不受陈规束缚降生各种人才。这句名言也告诉我们一个道理：管理者对于人才的选拔任用要善于打破常规，勇于不拘一格。在选人用人上，善于打破常规、勇于不拘一格的管理者往往能够创造事半功倍的效益。

决策箴言：管理者对于人才的选拔任用要善于打破常规，勇于不拘一格。

不拘一格用人才，的确是管理者值得称道之处。但是，如果选人不察，用人不当，造成了不良的后果，就是管理者的严重失职。也就是说，管理者在选人用人决策上的失误，造成的负面影响将难以估量。这样的决策风险，我当然明白。所以在长期从事干部人才研究和实践的过程中，我注重以下四条标准。

其一是有品德，品行优良，思想正派。

其二是有眼光，眼界开阔，理念先进。

其三是有才能，才智过人，能力出众。

其四是有担当，积极肯干，作风务实。

在重要岗位的人才选用上，我特别推崇这四条标准。林文智校长就是完全符合这四条标准的优秀人才，并且在某些方面还表现得高人一筹。

《孙膑兵法·月战》曰：“间于天地之间，莫贵于人。”意思是说天地间没有比人更宝贵的了。确实是这样。正是因为人的存在，才有了社会，人是社会的创造者和改变者。无论在任何时候，人的作用都不容忽视。只有那些重视人的作用、重用人才的管理者，才能取得杰出的成就。

元世祖忽必烈建立了元朝，是一位功劳不输于成吉思汗的杰出帝王。

元世祖的杰出不仅体现在他打出了中国历史上最大的天下，还体现在他用人时能慧眼识才，唯才是用。他把十八岁的安童任命为丞相就是他不重资历、大胆提拔人才的一个例证。

安童是元初“开国四杰”之首木华黎的四世孙，但安童的突出并不体现在他的门第上，而是体现在他与众不同的成熟和稳重上。安童十三岁时就因祖父的功劳而被“召入长宿卫”“位在百僚上”（《元史·安童列传》）。但他一点也不愿意倚仗祖辈功劳的荫庇，而选择了树立大志，勤奋学习。

元世祖与阿里不哥争王位得胜后，拘捕了阿里不哥的党羽千余人。世祖问安童：“朕欲置他们于死地，你以为如何?”安童说：“人各为其主，他们跟随阿里不哥也是身不由己，这由不得他们选择。陛下现在刚刚登上王位，要是因为泄私愤而杀了这些人，那又怎么能让天下人诚心归附呢?”元世祖没料到一个十六岁的少年竟然说出这样有见识的话来，惊讶地说：“爱卿年纪尚幼，怎么能知道这番道理？卿言正合朕意!”从此，元世祖对安童就更加另眼相待了。又过了两年，安童已经十八岁了，元世祖看他处世练达，办事果断，为人稳重，足智多谋，就决定破格提拔他。安童知道后就推辞道：“现在大元虽然安定了三方，但江南尚未归朝廷，臣年少资轻，恐怕四方会因此而轻视朝廷，还请陛下另请高明。”元世祖主意已定，毫不动摇，说：“朕思之熟矣，无从逾卿。”于是，元世祖就将安童提拔为中书右丞相。

安童少年得志，自然招来不少人的嫉妒。至元五年，有几位权臣想削夺安童的实权，就向朝廷建议设尚书省让阿合马主持，而让安童居三公之位。元世祖把这件事交给大臣们讨论。大臣商挺极力反对：“安童，国之柱石，若为三公，是崇以虚名而实夺其权也，甚不可。”元世祖赞同商挺的意见，维护了安童的地位。

此后，安童一直身居要职，直到四十九岁因病去世，为元世祖效力三十一年，为元初国家的稳定和繁荣做出了巨大的贡献。

用一个十八岁的年轻人为丞相，这在大一统的王朝中，甚至直至今日，也是绝无仅有的。但是，元世祖毅然抛开年龄、官阶、门第、资格等，只从真才实干出发，认定安童有丞相之能后，就破格提拔，大胆任用，为自己的江山社稷打下了坚实的基础。在中华民族几千年的历史上，尊重人才、重用人才、求贤若渴的典型事例比比皆是，不计其数。从朱熹的“等闲识得东风面，万紫千红总是春”到龚自珍的“我劝天公重抖擞，不拘一格降人才”，到被广为传颂的“得人才者得天下”的千古名言，从刘邦重用“初汉三杰”打天下到刘备三顾茅庐请诸葛亮，到李世民依靠房玄龄、杜如晦、魏徵等营造大唐盛世，都充分说明了想成就一番事业的人对人才的渴求是多么的强烈。

对于管理者来说，年龄、官阶、门第、资格只不过是一个人的外在标志，反映不出一个人的实际才能。管理者确实应该以史为鉴，在选拔任用人才时，只要对方有卓越才能，不管其背景、资格和学历如何，都可委以重任。让能者先上，大胆提拔能力强、有实干精神的人才，把他们任命到重要的位置上。相反，那种戴着“有色眼镜”选才的人，只会使人才外流、人才荒废。

既然人才的选拔任用如此重要，那么我们就来了解一下我眼中的校长林文智到底是一个什么样的人才。林文智是广东省第一批小学副高级教师、省“百千万人才工程”第三批名教师培养对象，曾被评为省优秀教师、全国优秀教师，是省德育研究会会员、省小学副高级职称评委库入库委员等。林文智在教育研究上也颇有建树，曾在《现代教育论丛》《中小学德育》《中国基础教育》等重要刊物上发表了多篇论文，获得国家级、省级、市级论文评比一等奖多项，先后独立主持一项省级和一项市级科研课题并顺利结题。身为校长，林文智非常重视对青年教师的培养。在林文智的引领和指导下，一批青年教师迅速成长，新民小学近年来涌现了 2 位省级骨干教师和 5 位市级骨干教师。在教育质量上，新民小学也十分突出，在东海区名列前茅，六年级毕业调研测试成绩屡夺头魁，多位教师在省、市、区等级别的课堂教学竞赛中获得一、二等奖多项，2012 年该校语文、数学和英语三个教研组同时被评为市示范教研组。2012 年，在湛江经济技术开发区教育局的大力支持下，林文智成立了区名校长工作室，为培养学校管理人才出力。如此杰出的成就，放眼整个湛江经济技术开发区，无人能出其右。更难得的是，林文智还是一位“70后”校长，年轻有为，富有教育改革意识和创新进取精神。

对于林文智校长，我从不吝啬赞美之言，他足以称得上是专家型校长。而且林文智正是“316”强师工程中的三名教育专家培养对象之一。作为来自农村学校的校长，林文智这么年轻就获得了诸多荣誉，真不愧为一名才能突出的专家型校长。“实力就是硬道理”，我选择这样的人才来治理和统领湛江经济技术开发区第一小学，是有道理的。

2013年春季，林文智到湛江经济技术开发区第一小学赴任校长一职，开启了自己教育事业的新征程。在重要的新岗位上，林文智能适应吗？能干得好吗？众人拭目以待。在湛江经济技术开发区第一小学，林文智着实遇到了一系列挑战。他刚担任校长不久，全市“创卫”“创模”“创文”工作就如火如荼地相继进行，“教育创强”和“义务教育均衡发展区建设”也正在同步强力推进。新形势下，上级政府部门各种重要创建任务让各个学校都要马不停蹄地开展工作，而像湛江经济技术开发区第一小学这样的重点学校更是面临着不小的压力，必须充分做好应付各种检查和考核的准备，担负着“打头阵”的任务。面对此种情形，林文智化压力为动力，通过各种创建任务进一步提升了学校的硬件和软件建设的水平，着力构建了“人文管理”的制度体系，积极推行“生本理念”的课堂教学改革，主动引领教师开展课题研究，高度重视校园特色文化建设。在林文智的带领下，湛江经济技术开发区第一小学形成了浓厚的学习和研究氛围，教师们的精神面貌焕然一新，事业心得到激扬，幸福感得到增强，在各项竞赛和评比中屡获殊荣；学校的办学质量和品位有所提高，知名度和影响力有所扩大。难能可贵的是，林文智还有效发挥名校长效应，带动其他学校的校长一起成长，为湛江经济技术开发区的教育事业发展奉献了应有的力量。

林文智校长的到来，促使湛江经济技术开发区第一小学的建设与发展迈上了新台阶。如今该校洋溢着活力和生机，人们的各种猜疑和不解就这样在事实面前烟消云散。古语云：“千里马常有，而伯乐不常有。”人才就是真正的“千里马”。一个优秀的管理者，必须充分意识到人才的重要性，具有爱才之心、求才之渴、识才之眼、用才之能、容才之量。只有做到这些，才能真正建好队伍，管好队伍，创造辉煌业绩。我大胆任用林文智这样的“千里马”，激活了湛江经济技术开发区教育系统的“人才库”，营造了清正的选人用人之风。

当然，我并不只是选拔任用了林文智这样一个英才，对那些德才兼备之人我同样十分重视，所以一批年轻有为的英才得到重用，充实到了校长队伍和学校中层干部队伍当中，而教育局各个科室也云集了众多出色的人才。管理上有一句话：管理就是充分开发人力资源以做好工作。作为管理者，我们要切实做好管理工作，就必须掌握选人、用人和管人的艺术。

什么样的领导喜欢什么样的兵。作为教育行政部门的主要领导，我喜欢林文智这样才能出众、作风务实的兵。长期在组织部门工作的经历，使我在考察干部上高人一等，选人用人有独到之处。但是，我并不是凭着个人的主观臆断去选人用人，而是依据干部任用条例，按照严格规范的程序来操作。实质上，决策一定要坚持有关原则。对这些原则的坚持，使我的决策没有偏离正轨，并取得了良好的管理效益。那么，选人用人决策要想成功，需要坚持哪些基本原则呢?

在决策上，我主要是坚持了“四项原则”，从而避免了失误，获得了成功。

原则一　着眼大局，而非小利

眼界决定了价值取向，管理者应眼界宽广。一个眼界宽广的人，能从大局、长远利益来考虑问题，能置蝇头小利于不顾。站得越高，看得越远。一个眼界宽广的人，一定会拿得起、放得下，知道什么重要、什么不重要，懂得做出正确取舍。做任何事情，只有眼界宽广、目光远大，才能看得更广、更远，才能心胸开阔。成功的人之所以会成功，是因为他们和普通人往往有所不同，这个不同很重要的一点就是他们的眼界比别人要宽广。

我站在21世纪发展的战略高度去审视湛江经济技术开发区的教育发展，决心打造一流学校，发挥以点带面的名校辐射效应，从而实现全区所有学校均衡化、规范化和科学化发展，全面提高湛江经济技术开发区的教育质量和水平。目前，其他地区的教育发展非常迅速，都注重打造具有知名度和影响力的一流学校，已经形成了百舸争流的竞争之势。在这种新形势下，湛江经济技术开发区若再不加强学校的内涵化、品牌化建设和发展，就会落后于其他地区。此外，湛江经济技术开发区三年内务必完成省教育创强的艰巨任务，而这个任务的如期完成，就要从创建教育强校开始抓起。只有创建了一个个教育强校，才能达到创建教育强区的宏伟目标。也正是基于此，湛江经济技术开发区的党委政府把学校的建设与发展视为重中之重，加大了资金投入和政策扶持。作为教育行政部门的主要负责人，我自然义不容辞地肩负起了这个重担，由此，也更加坚定了我打造湛江经济技术开发区多所一流学校的决心。

湛江经济技术开发区第一小学就是湛江经济技术开发区中一所一流学校。该校近年来承担了湛江经济技术开发区多项课改探索和课题研究的重要任务，在湛江经济技术开发区各所小学中起到了示范和引领的榜样作用。可以说，湛江经济技术开发区第一小学办得好不好，既事关湛江经济技术开发区教育的“面子”，又事关湛江经济技术开发区教育的“里子”，归结起来就是事关湛江经济技术开发区教育的发展大局。那么，要把湛江经济技术开发区第一小学办好，办出内涵，办出档次，办出品牌，就要为其配备一个才能卓越的校长。正如一艘巨轮，需要配备一个驾驭能力高超的船长，方能在惊涛骇浪中安全航行，抵达辉煌的彼岸。所以，重要岗位的人选非同寻常，检验着管理者的大局意识，也考验着管理者的决策智慧。“政治路线确定后，干部是关键因素”，这是我的信念，也是我善于着眼大局进行选人用人决策的缘故。我为什么这么信任和欣赏林文智，直接就把林文智放到湛江经济技术开发区第一小学校长这个重要岗位上？因为我看到林文智是一个专家型校长，是一个治校能手。作为一所农村学校，新民小学语文、数学、英语三个科组都荣获第一批“市示范科组”称号，这与该校校长林文智重视并大力推动教科研不无关系，从中也足见林文智的才能确实不一般。

事实证明我没有选错人。林文智校长一心扑在教育事业上，锐意进取搞课改，专心致志搞科研，懂得给予教师人文关怀，注重教师的专业成长，具有先进的教育管理理念，确实是一个湛江经济技术开发区本土成长起来的优秀教育人才。更重要的是，林文智是全市第一批名校长，在全区第一个成立了名校长工作室，发挥了对其他校长和学校中层干部帮、扶、带的关键作用。

一个好校长就是一所好学校，一批好校长就是一批好学校。只有重用一批如林文智一样年轻有为的优秀教育人才，建设一支能力强、素质高、作风实的校长队伍，湛江经济技术开发区的学校发展才会充满希望，教育腾飞才会指日可待。“风物长宜放眼量”，管理者要有洞察未来的深邃眼光，做决策时着眼未来，着眼长远，着眼大局，不断增强工作的前瞻性、预见性，绝不能为了个人的“政绩”做表面文章，搞短期行为。那些眼光短浅、只顾眼前利益的管理者是难以有所作为的。

长江和记实业有限公司主席李嘉诚就是这样一个决策时眼界宽广、着眼大局的人。1967 年，香港出现暴动，当时不少富户都抛出土地物业，李嘉诚趁机超低吸纳，随后地产业狂升使李嘉诚进账以亿元计算。1982 年，中英前途谈判开始，香港爆发信心危机，楼市、股票受挫，英资财团怡和更宣布迁址并对香港前途表示不信任，李嘉诚这时却发展大型住宅区，显示对香港的信心，此举不仅为长江和记实业集团带来了巨大利润，还改善了香港的人居环境。在香港越来越接近回归之时，李嘉诚没有像其他富豪那样移资国外、移民他乡，恰恰相反，他坚定地留了下来，并大举进军内地投资。事实再次证明，他的选择是正确的，最终他取得了一次又一次的成功。为什么有的人能轻松获得成功，而有的人使出全身解数始终不能如愿以偿呢？为什么有的人一生只能做一个很普通的人，而有的人能够脱颖而出成为令人羡慕的佼佼者呢？这里面，眼界宽广、着眼大局是一项很重要的因素。

有一个广泛流传的管理故事足以给我们深刻的启示。

有三个人要被关进监狱三年，监狱长允许他们每个人提一个要求。美国人爱抽雪茄，要了三箱雪茄。法国人最浪漫，要了一个美丽的女子相伴。而犹太人说，他要一部与外界沟通的电话。三年过后，第一个冲出来的是美国人，他的嘴里鼻孔里塞满了雪茄，大喊道："给我火，给我火!"原来他忘了要火。接着出来的是法国人。只见他手里抱着一个小孩子，美丽女子手里牵着一个小孩子，肚子里还怀着第三个。最后出来的是犹太人，他紧紧握住监狱长的手说："这三年来我每天与外界联系，我的生意不但没有停顿，反而增长了200%，为了表示感谢，我送你一辆劳斯莱斯!"

这个故事虽然是虚构的，但是它揭示了一个深刻的道理：什么样的选择决定什么样的生活。今天的生活是由我们昨天的选择决定的，而今天我们的选择将决定我们明天的生活。在选择时，要有长远规划、大局意识，不可为一时的蝇头小利所迷惑，这样才能创造出辉煌的业绩。

不仅在重要岗位的选人用人决策上要着眼大局、立足长远，而且在其他方面的重要决策上也要如此。作为一个地区教育行政部门的管理者，我善于在千头万绪的工作和错综复杂的矛盾之中牢牢把握住和处理好各种重大关系，统筹兼顾做好各方面的工作，抓方向，谋大势，管大局，注重思考和研究带有全局性、前瞻性、战略性的重大问题，从而站得高、看得远、抓得准，在一些重大问题上分清是非，有效驾驭复杂局面，保证各项管理工作朝着正确的方向发展。"欲穷千里目，更上一层楼。"只有站在更高处，才能看到更美的景色。眼界开阔了，看问题才能更有深度，做决策才能更有把握。这是每一个决策者都应该追求的境界。我正向着这样的境界迈进。

不审天下之势，难应天下之务。决策者只有具备立足长远、胸怀大局、面向未来的宽广视野，才能多一点大气，造就干大事、创大业、迈大步的气魄，才能在工作上从大处着眼，未雨绸缪，最终有所成就。我正是坚持了着眼大局而非小利的基本原则，因而能够站在新的高度上做好选人用人决策，构建了年龄结构合理、能力素质过硬的教育管理人才体系，为教育的健康持续发展打下了坚实的基础。不过，管理者做决策时着眼大局固然重要，但必须关注决策的目标，这也是一个重要原则。在这一点上，我是如何做的呢？

原则二　关注目标，而非手段

“两区”整合后的湛江经济技术开发区，诸多领域迎来了前所未有的发展机遇，教育领域也不例外。湛江经济技术开发区党委、管委会对如何改善和保障民生高度重视，把湛江经济技术开发区教育的发展摆上了重要的战略地位，以图实现教育的优先发展。这一方面最明显的体现就是学校在建设与发展上都获得了财政资金的大量投入。此外，在省“教育创强”政策的驱动下，学校的建设与发展更是不容怠慢。因此，所有学校都加紧实施校园的美化绿化工程，完善教育教学配套设施的建设，配备齐全各种教学功能室，打造校园特色文化品牌，全力提升学校的硬件和软件水平。有的学校还大力建设新校区，增强学校的办学实力，提高学校的教育质量，为社会提供大量的优质学位，满足群众日益增多的教育需求，适应经济社会发展的需要。譬如湛江经济技术开发区第一中学按照国家级示范性普通高中标准建设新校区，投入了 2 亿多元，力度空前，彰显了湛江经济技术开发区党委、管委会发展优质教育的坚定决心。

在政策“东风”下，学校的建设与发展有了很大的起色，校园环境越来越美，教学条件越来越好。但是，这就能代表学校的办学水平和质量得到了提高吗？显然不能。一所面貌改观、条件改善的学校，并不代表它变成了强校、名校，更不意味着它的办学水平和品位就提升了，毕竟这只是表面上的改变。正如一个人是否可以算得上“能人”“强人”，取决于其能力和魄力，而不是其外貌一样。众所周知，哈佛大学、剑桥大学是世界一流大学，真正奠定它们地位的是其杰出的学术成就。所以，教育行政部门的管理者在把学校的校园环境建设得越来越美的同时，必须注重在学校的内涵发展、特色发展和品牌发展上下功夫。这是21世纪学校发展的必然趋势，是素质教育发展的客观要求。看不到这一点、做不到这一点的教育管理者，不是真正成功的教育管理者。

管理学上有句名言："管理出效益。"学校的发展，关键在于校长的管理。校长秉持什么样的教育管理理念，拥有什么样的治校能力，对于学校朝何方发展、将达到怎样的档次起着决定性作用。我所器重的校长，是能够带领学校走上内涵发展、特色发展和品牌发展之路的校长。在选人用人决策上，正是因为把目标定为学校的内涵发展、特色发展和品牌发展，所以我特别重视林文智这类"专家型校长"的选拔任用，并且愿意花大力气去培养"专家型校长"，去打造一支"专家型校长"队伍。

做任何事，都必须有明确的目标。如果没有一个明确的目标，我们就会像无头苍蝇一样到处乱撞。人若没有目标，便只能虚度终生，毫无意义。决策若没有目标，甚至连"瞎猫逮着死耗子"的可能性都不会有。

决策目标是指决策要达到的目标。决策目标明确与否，直接关系着决策效果的好坏。决策目标明确了，选择就会有依据，行动就会有针对性。决策目标不明确，选择就会发生偏差，甚至会出现南辕北辙的可怕后果。

第二次世界大战期间，就曾发生过因目标不明而一时不知如何决策的事情。

美国作为盟军的大后方和军火生产基地，为了把武器尽量多、尽可能快地运往西欧前线，就连商船也被征调到了运载军火的行列。为了使这些商船免受德军飞机的封锁和攻击，美国海军指挥部决定在商船上安装高射炮。但是过了一段时间后指挥部发现，这些高射炮竟然没能击毁一架敌机。于是，海军指挥部有人提出没有必要在商船上安装高射炮。

针对这一问题，盟军海军运筹小组研究后发现，把在商船上安装高射炮这一决策的目标定为击毁敌机是不妥当的。这一决策的正确目标，应是尽量减少被击沉的商船数量，从而保证军火供给。虽然安装在商船上的高射炮没有击毁一架敌机，但实践证明它在减少商船损失、保证军火供给上是卓有成效的。因此，美国海军指挥部最终否决了“不在商船上继续安装高射炮”的错误意见，而实施了在商船上继续安装高射炮的正确决策，从而保证了盟军的军火运输。

试想，如果盟军海军运筹小组不进行深入研究，而在错误的决策目标指引下采用“不在商船上继续安装高射炮”的决策，那么，盟军的军火供给线肯定会遭到德军的严重破坏。确定目标是进行决策的前提，这是科学决策的关键一步。如果管理者做决策时没有一个明确的目标，即使手段再高明，其决策效果也就像放空炮，只能给人留下笑柄；或者做决策时虽然有一个目标，但结果跟真正要解决的问题毫无关系——这种目标，跟没有目标一样，甚至比没有目标还差。目标是决策的方向，没有目标，决策就会失去方向，属于无的放矢。这种做法，管理者在决策时一定要避免。

决策箴言：没有目标，决策就会失去方向，属于无的放矢。

我做决策时有明确的目标，并格外关注目标的达成。我对专家型校长的选拔任用，目标就是为了把学校办好，实现学校的内涵发展、特色发展和品牌发展，如期完成省“教育创强”的任务。其实，我的美好愿景就是办人民满意的教育。在决策目标的指引下，我特别重视校长队伍和学校中层干部队伍的建设，并一直在不遗余力地推动这项工作。所以，近几年来，在湛江经济技术开发区教育局组织的教改教研活动中，校长们“主帅先行”“老马出阵”成了一种新风尚。尤其是课堂教学竞赛，校长们踊跃报名参与，以实际行动展现教学新风采，贯彻教育新理念，为教师们树立了良好的榜样。2013 年，在全市校长高效课堂教学竞赛中，湛江经济技术开发区就有三位校长分别夺得了高中组、初中组和小学组第一名。校长们管理理念的革新、科研意识的增强和治校能力的提高，让我深感欣慰。

亨利·福特在一百年前说他的愿景是“使每一个人都拥有一辆汽车”

时，很多人认为他是神经病。但在现在的美国社会，他的梦想已经完全实现。成功者之所以能够成为成功者，就在于他拥有常人所没有的梦想！这种梦想通常会使人感到不可思议，但又会让人不自觉地为它的力量所感染。决策者要努力让自己成为一名愿景管理者，从时间、战略和全局上考虑和分析问题，抓住时机，确立目标。同时，力图将目标明确化，使追随者真正理解愿景并树立信心，持久投入，使其成为整个队伍的信仰和价值观。在教育的路上，我正让自己美丽的愿景目标开花结果。

决策者是管理团队的灵魂和精神领袖，这是决策者无可逃避的定位。一个成功的决策者对目标相当关注，并能够带领自己的成员以最大的能量朝着既定的目标前进。在美好愿景目标的驱动下，我的选人用人决策渐入佳境，精心选拔任用优秀校长，打造优秀校长队伍、学校中层干部队伍，为湛江经济技术开发区教育事业的腾飞夯实人力资源根基。其实，在选人用人决策上，都会存在一定的风险。在这方面，我是如何考虑风险、保持局面稳定的呢?

原则三　考虑风险，而非冒进

在决策上，我坚持的第三个基本原则是“考虑风险，而非冒进”。决策往往带有风险性，尤其是重大决策，风险更大。不考虑风险的决策是盲目的决策，极有可能造成不良的后果；而考虑风险的决策是理性的决策，稳扎稳打才能一步步走向成功。

在有些人的偏见里，认为我从农村小学里选拔林文智到城市的重点小学任职，是不考虑风险的决策，因为它不符合常规。跟城市学校的校长相比，农村学校校长的管理理念先进吗？科研意识具备吗？治校能力过硬吗？这一连串疑问，都是在担忧农村学校的校长管理不好城市学校。倘若所选的校长管理不善，造成局面不稳定的状况，或者无所作为，办学业绩平平，那么教育行政部门负责人就难辞其咎，要承担选人用人不当的相应责任。如此看来，重要岗位人选的决策是颇具风险性的，管理者必须慎之又慎地考虑，绝不能凭着个人喜好就贸然拍板定论。不管是古代社会还是现代社会，由于管理者选人失察、用人不当而造成惨痛损失甚至败局的例子不胜枚举。

如何为重要的岗位选拔有合适才能的人，一直是管理者面临的挑战。为了确保用人得当，规避风险，管理者应该具备慧眼识珠的能耐，也就是要善于识别和考察人才的智慧。我从多年干部人才的选拔考察工作中探索和总结了以下几点经验。

第一，与被考察者讨论当前理论热点问题，了解被考察者是否谈及理论方面的新名词，从中了解被考察者是否属于学习型干部。

第二，问被考察者工作中的业务问题，了解被考察者是否熟悉业务，是否是内行。其目的是了解被考察者是否属于专业领导干部。这样也可以使被考察者从中学习、了解各行各业的业务，提高自己的综合素质和能力。

第三，问被考察者是如何处理突发性事件的，了解、评判被考察者的应急处理能力。

第四，以委婉的口气交谈，了解对方是否已发现自己的缺点，只有不断修正自己的缺点，才能成为成熟的干部。

以上四点是我识别和考察干部的智慧，是我长期组织人事工作经验的结晶。当然，有人会说这是管理者亲自出马的面试秘诀，此话不假。我在了解考察对象的实践表现和工作业绩后，再结合面试过程中考察对象的种种表现，基本上就可以判断一个人的才能是否能够胜任相关的重要岗位了。我了解到林文智做出的各种出色的工作业绩后，非常欣慰和感慨。而在与林文智深入交流的过程中，他先进的教育管理理念和创新的科研课改意识，又让我产生了强烈的认同感。再加上实地考察，我认定了林文智就是专家型校长的合适人选，完全能够胜任湛江经济技术开发区第一小学校长这一重要岗位。善于识别和考察干部的智慧，让我在选人用人决策上屡获成功，选出了一批有才能、有担当、有觉悟的校长人才。另外，在湛江经济技术开发区，对所有选拔任用的新校长的试用期都是一年。通过一年的实践检验，他们方能“转正”。我对所做的决策并非没有考虑到风险，而是在认真地考虑了各种风险后，才按部就班地去操作。

决策存在风险性，所以管理者有必要三思而行，不可妄下结论或判断。关于这个道理，这里有一个故事。

一个人得到了一笔意外之财，暴富了起来。他虽然有了钱，却不知道如何处理这笔钱。于是他向一位邻居诉苦，邻居便开导他说：“现在你虽然有了钱，但依然没有智慧。你还是进城去看看吧，那里有具备大智慧的人。你拿出些钱，就会有人教你智慧。”

听了邻居的话后，他去了城里，逢人就问哪里有智慧可买。

这时候他遇见了一位哲人。哲人告诉他：“如果你遇到疑难的事，不要急着处理，先朝前走七步，然后再后退七步，这样反复做三次，智慧就自然产生了。”

“‘智慧’原来这么简单啊！”他将信将疑地回去了。

回到家时已是深夜，推开门后，他模模糊糊地看见妻子身边睡着一个人，顿时怒从心中起，拿起刀来便要砍下那个人的头。

这时，他忽然想起白天哲人所说的话，心想：试一试再砍也不迟。

于是，他前进七步，后退七步，反复做了三遍后，他点亮了灯。这时他发现与妻子同眠者原来是自己的母亲。

哲人以一种看似简单的方式告诉那个暴富的人：遇事三思而行，理智地处理事情，这便是智慧。这个人遵照哲人的话去做了，从而减少了一场误会，避免了一场灾祸。凡事要三思而行，这样才能降低风险系数，不容易酿成恶果，做决策同样如此。

决策箴言：凡事要三思而行，这样才能降低风险系数，不容易酿成恶果，做决策同样如此。

要做出一个正确的决策，管理者一定要以超前的视野对决策执行过程中可能引发的风险因素做出科学的预见及准确的估计和判断，彻底探讨方案可能产生的一切不利后果。这是不花成本，只运用一点智慧力量便能控制这类影响的最好机会。管理者必须在可能的不利后果发生前认清它们，并将它们列入考虑的范围，将其作为决策的一部分。如果管理者能够认清和评估不利后果，就能够完全避免它们的发生，或者及时采取措施，以便减小它们未来的影响。在重要决策上，任何评估与选择若是忽略了对潜在不利后果进行系统的探讨，最终都将招致灾祸。

我在选人用人上不拘一格，并不等于我不考虑其中的风险因素，不等于我没有预计到可能出现的不利后果。恰恰相反，我做决策时特别注重对风险的周详考虑，既不会畏首畏尾，也不会冲动冒进，力求做到理性、稳妥。所以，我的每一步让人看似决策之“险”棋，实则是“妙”棋。

一个成功的管理者常常善于做决策，而且往往会取得良好的效果。究其原因，很重要的一点在于管理者能够始终坚持“考虑风险，而非冒进”的决策原则。在决策前，管理者只有把各种风险因素都考虑清楚，对不利后果进行具体分析，才能在执行时胸有成竹，应付自如，不受干扰。我正是做到了这一点，因而不仅在选人用人决策上屡获成功，而且在其他重要决策上也是如此。当然，决策不是管理者一个人说了算，它更重视众人的合谋，这也是做决策的一个重要原则。对于这个原则，我做决策时是如何遵循的呢？

原则四　重视合谋，而非独断

过去，人们总是认为做决策是管理者一个人的事情。其实不然，面对纷繁复杂的现代社会，管理者仅凭一个人的智慧和能力，已经不能适应事物发展中遇到的所有问题了，也难以做出科学有效的决策。因此，管理者必须注重群策群力的作用，按照“重视合谋，而非独断”的基本原则去做决策。我正因为坚持了这一基本原则，才使得自己的决策精益求精，具有说服力。

所谓“合谋”，就是指决策要集思广益，众志成城，凝聚集体的智慧和力量。事实上，很早以前人们就开始注重在决策上的合谋了，只是还没有形成系统的阐述和总结。我国古代官员们喜欢招养门客、幕僚和师爷为自己出谋划策，西方政客用“智囊团”和专门机构进行决策咨询等，都充分说明了合谋对管理者决策的重要性。俗话说得好：“一人没有二人之智。”即使自己的智慧够用，听听别人的意见也没有坏处。择其善者而从之，不是能把事情干得更好吗？所以，在现代社会中，管理者如果重视合谋，善于听取别人的意见和建议，善于“借用”别人的智慧和能力，会很容易使自己获得成功。

或许有人认为，我身为湛江经济技术开发区教育行政部门的“一把手”，可以在湛江经济技术开发区教育系统范围内的决策事项中搞“一言堂”，尤其是选人用人决策上一个人说了算，不需要与其他班子成员研究讨论。实际上这是一种误解。我属于重视合谋的管理者，并没有独断专行的所谓“官僚”作风。在校长这个重要岗位的选拔任用上，我完全是参照党政干部任用条例来进行的，程序规范、合理、公开、公正。其中，最关键的一点是教育局班子成员要对推荐人选进行研究讨论。在获得大家一致的赞成意见后，再进行推荐考察、讨论、公示和任命等一系列程序。在决策中最重要的是团队成员的“合谋”，而不是一个人的“独断”，这个重要原则一直是我所坚持的。这样就保证了决策的科学性和有效性，减少了不必要的麻烦，化解了担负风险责任的压力。

一个人的潜能可能是无限的，但被开发的部分是有限的。一个人的价值判断、社会历练、人生经验由于受到环境的影响也会呈现出差异。此外，术业有专攻，一个人的专长可能只有一二种，不可能样样精通。当面对复杂的社会环境时，这些基本条件就不够用了。决策学上有一句名言：“正确的决策来自众人的智慧。”因此，要想成事，就要懂得合谋，也就是要善于“借用”别人的智慧。一个人“借用”别人的智慧来做事，不仅可以把事情做得又快又好，还可以使自己避免主观、独断。主观、独断虽然也能做成大事，但失败的概率比较大。主观、独断也往往使一些自视甚高的人最后陷入悲哀的境地。

决策箴言：正确的决策来自众人的智慧。

下面这个事例，就道出了管理者重视利用集体智慧的奥妙。

美国3M公司，以生产记事贴而成了世界知名企业。世界上原本没有记事贴这种东西，它的创意来自于美国3M公司最初想要研究的一种黏性非常强的产品。但是产品研制出来之后，公司发现该产品的黏性非常低。但是公司的管理者并没有放弃这一创意，反而通过加工改进促成了记事贴的诞生。创意变成产品以后，颇受人们欢迎。

了解到创意的重要性之后，美国3M公司强调公司的全部员工，包括行政人员都必须参与公司的研发工作。为此，公司规定在每天上班前的某一段时间内，员工可以不用做事，专门思考怎样给公司提出好的发展建议。有了这一规定之后，员工们都开始积极地为公司的发展出谋划策。虽然有时候并不理想，但是美国3M公司的管理者给企业营造了一种重视合谋、群策群力的良好氛围。

的确，要生产出具有创意性的产品就是需要集合集体的智慧。如果管理者能够重视这一点，多鼓励员工参与到决策中来，那么公司将会迎来更多的发展机会。同样的道理，一个好的决策需要集体的智慧。管理者重视合谋，善于利用集体的智慧，可以弥补自己智慧的不足，使决策更顺利地被推出。一个人的智慧和力量是微小的，而集体的智慧和力量是强大的。所谓“三个臭皮匠，胜过诸葛亮”，讲的就是这个道理。

当然，管理者重视合谋的初衷固然是好的，但是也要谨防有时候团队成员太过“热心”，因为这样不利于决策方案的制订。比如，管理者原本想好了一个理想的决策方案，但是让大家研讨并提出意见时，由于大家太过“热心”，围绕原本已经趋于“完美”的决策提出了诸多建议，管理者此时就会对自己所决策的事项产生怀疑，甚至对自己的决策能力产生怀疑。久而久之，管理者反而不敢轻易做决策了。在某些紧急时刻，并没有时间让团队成员个个都进行表决，需要的是管理者的灵敏和果断。如果这种情况下团队成员还是热情高涨，那么无形中就会扰乱管理者的判断，也也能延误做出决策的最佳时机。

因此，管理者要懂得借力，别让团队成员在决策面前太过“热心”。要做到这点，管理者就要始终明白自己才是决策的真正主体，处于主导地位。团队成员讨论的方案有多种，具体采用哪一种还是得靠自己拿主意。如果自己毫无主见，完全依赖团队，那么自己决策者的身份就是徒有其名，同时也丢掉了自己的领导职责。管理者要始终保持清醒、冷静的头脑，别被团队左右，要在综合分析各方意见之后，权衡利弊，再做出最适当的决策。

我做决策时始终牢记自己的领导职责，掌控着合谋的“火候”，既能让团队成员充分发表自己的想法，擦燃他们的智慧火花，让他们留下有价值的决策成分；又能让他们的思维不偏离正确的决策方向，避免他们做无谓的争辩。所以，我能做出科学有效的选人用人决策，为重要岗位选拔出最合适的人才，助推湛江经济技术开发区教育事业走上发展“快车道”。我不仅在选人用人方面能做到决策科学有效，在其他方面做的决策也同样科学有效。我采取了什么决策呢？

第五章

让决策科学有效的锦囊妙计

俗话说，人算不如天算。我们都希望将决策做得科学有效，尽量少走弯路，少一些遗憾，但是如果忽然在半途之中遇到了“拦路虎”，决策一时陷入困境，停滞不前，我们应该怎么办？作为教育管理者，我也遇到过这样的情况。那么，在这种情况下，我是怎么做的呢？

人们总想把事情办得顺顺当当，可有时又会有意外的状况出现，让事情变得棘手起来，就不那么好办了。于是，有人就发出“造化弄人”的感叹，不再寻求应对之策，干脆半途而废。这种消极心理是要不得的，否则终将一事无成。在多数人眼里，决策就好像是“上帝的骰子”一样难以捉摸，神秘莫测。的确，在社会变化越来越复杂的今天，决策往往不再是一帆风顺的，常有困难或阻碍出现，让管理者苦恼不已、彷徨不前。其实，好钢都是从烈火中打造出来的，最鲜艳的花都是从粪土里长出来的。要成为一个优秀的管理者，就要经受风雨的洗礼，从容面对困境的考验，绝不可浅尝辄止。

在教育资源整合、实施人才培养工程、创建学习型组织、选拔任用专家型校长后，我一步一个脚印地取得了教育事业的卓越成就，成了湛江经济技术开发区教育系统里引人瞩目的“标杆”人物。但是时下流行着一句话：“理想很丰满，现实却很骨感。”意思是理想很美好，但是现实很残酷，常常不能尽如人意。怀揣着教育改革的美好理想，我倒是干出了一些业绩，但也遇到了一些非常棘手的问题，这些问题无一例外给我带来了相当大的挑战。

决策箴言：理想很美好，但是现实很残酷，常常不能尽如人意。

2011 年，是我担任湛江经济技术开发区教育局长的第二年。对于我来说，这是特别关键的一年。这一年，创建“教育强区”工作全面启动，而实现义务教育均衡发展工作也在加紧推进。这两项重要工作是新形势下力度空前的教育改革任务，是国家和省对教育发展的战略部署。

在湛江经济技术开发区，要创建“教育强区”和实现义务教育均衡发展绝非易事。为什么这么说呢？因为湛江经济技术开发区教育发展比较落后，历史欠账多，大多数学校基础差、底子薄，硬件建设水平低。如今，按照任务要求，各中小学都要在几年内建成规范化、标准化和现代化的学校，这是很不容易的。民安镇新民中学就是一个典型的例子。该校在扩建中面临着一个不得不处理的难题：如何把校园里的十几座坟墓迁移出去，建起美观、规范的校园？这个难题学校没有法子处理，只好上报给了湛江经济技术开发区教育局。这样一来，啃下“硬骨头”的重担就落在了教育局和镇党委、镇政府的肩上。在农村地区，由于农民根深蒂固的封建思想作祟，凡是涉及坟墓之事他们都是讳莫如深的。在一些农民看来，坟墓的选址还与“风水”有关，把坟墓迁出原址就有可能伤及“风水”，影响后人的兴旺发达，甚至招致灾祸。当然，迁坟不吉利、损伤风水都是无稽之谈，空穴来风。人死后一切皆空，何来神仙鬼魂？可是，对于这些科学道理，有些农民是不容易接受的。所以，把科学思想灌输给落后保守的农民，并让他们相信科学，摒弃迷信，主动迁墓，支持学校建设和教育事业发展，确实是一大难事。如果农民不愿意迁坟，那么就让坟墓留在校园里，这行得通吗？显然行不通！上级督查组一看到这种不和谐的景象，肯定会要求马上整改。这个迁坟矛盾不解决，这所学校的建设就将大打折扣，甚至会影响到创建“教育强区”和实现义务教育均衡发展的大局。

“解铃还须系铃人。”迁坟最终还得靠农民主动为之。在这个过程中，我与镇领导多次深入到农民中去，给他们讲透教育发展的形势和学校建设的意义，晓之以理，动之以情，引导他们逐渐转变落后的思想观念。我注重做好村书记、村主任等村干部的思想工作，从而争取到了他们的大力支持，为迁坟矛盾的化解奠定了基础。经过不懈努力，民安镇新民中学攻克了迁墓这个看似无法下手的难题。民安镇新民中学并不是个案，不少学校在建设中都遇到了这样那样的难题，尤其是有些乡镇学校建设运动场涉及土地的征用问题。由于土地价格高、升值快，一些农民或居民就抢先占用了校园周边的土地，造成了征地纠纷，给学校建设带来了极大的障碍。对于这样的棘手问题，我后来还是协同有关部门妥善处理了。

教育要发展，根本靠改革。教育改革是人类教育事业一个永恒的主题。任何一个教育管理者都必须重视教育改革，这是神圣使命，是责任担当。不搞教育改革的教育管理者，不是有作为的教育管理者。我深深明白这点，所以我决心大刀阔斧地去搞教育改革。如果说创建“教育强区”和实现义务教育均衡发展是基于国家和省的战略需要而进行的教育改革，需要的是过人的决策智慧和较强的执行能力，那么校长办学观念转型和课堂教学改革两个方面，需要的就是颇具特色的教育改革思想。

我进行教育改革的重头戏之一，就是大力促进校长办学观念转型，全面实行“依法治校，规范办学”。随着我国现代教育的不断发展以及教育法制建设的逐步加强，依法治校已逐渐成为学校教育和治理中必须正视的一个问题，并日益成为学校教育和管理的重要内容和重要方式，影响和改变着人们的行为和思维模式。《国家中长期教育改革和发展规划纲要(2010—2020年)》就十分明确地提出，“依法治校”主要包括两层含义：一是依法组织和实施教育教学活动，依法加强学校管理，规范办学行为；二是依法维护学校、教职工和学生的合法权益，与违法侵权行为做斗争。应该说目前国家出台的教育法律法规及规章，总体上已涵盖了学校工作的各个方面，也就是说，学校各项工作已经置于统一规范之下，认真执行这些法律法规将有利于规范办学行为，有利于减少工作的盲目性和随意性，有利于避免违法行为的产生。总之，依法治校有利于提高学校的工作效率。而健全的法律制度与高效的管理也有着内在的联系。实行依法治校，各项工作有章可循，部门和人员的职责明确，该做什么，不该做什么，该怎么做，不该怎么做，人人对此心中有数。这样，下属不必事无巨细地请示汇报，领导者也不必纠缠于协调各种人际关系或陷于“文山会海”，双方都可以节省时间和精力，从而大大提高工作效率和管理效能。

我为什么能深刻体会到全面实行依法治校的重要性和紧迫性？因为既有先见之明，又有前车之鉴。2010年4月，湛江经济技术开发区教育局举办教育规范管理培训班，邀请霞山区教育专家李海校长做培训。让我印象深刻的是，在培训结束时就收到了市教育局通报的雷州市伤害学生事件。从这一事件中，教育管理者吸取了教训，痛下决心，狠抓规范办学。2012年吴川市发生的一件事，又给包括我在内的全市所有教育管理者和工作者再次带来了极大的触动，那就是被媒体曝光的“吴川市部分学生自带课桌椅上课”事件。吴川市有十几所中小学存在学生自带课桌椅上课的现象，表明该市没有认真落实九年义务教育责任，该市教育主管部门、当地镇政府及镇中心小学存在监管不严、失职失察行为。事件经媒体曝光后，在网络上引起了热议，并引起了省、市主要领导的关注。省、市主要领导先后做出批示，要求依法依纪严肃查处，追究相关责任人员的责任。其结果是三所学校的校长被免职，市教育主管部门分管领导、镇分管教育工作领导也受到了相应的处分。这次事件的教训非常深刻，给教育者和教育管理者都上了一堂活生生的法制教育课，敲响了依法治校、规范办学的警钟。

从“课桌椅事件”中，我也感受到了依法治校责任的重大，以及其中无形的压力。所以，我以“课桌椅事件”为反面教材，加强了对校长依法治校、教师依法治教的宣传教育，要求各个学校加强自查自纠问题的力度，并派出督导组到各个学校进行明察暗访。其中的关键一项，就是督促各学校落实治校方案，突出依法治校的重要性。这一方案旨在贯彻落实党的十八大和十八届三中、四中全会精神，根据教育部《全面推进依法治校实施纲要》的要求，以“依法治校治教，打造学校品牌，实现可持续发展”为指导思想，开展“依法治校”活动，增强学校校长、教师、学生的法制观念和依法办事的能力，提高学校依法决策、民主管理和监督的水平，形成符合法治精神的育人环境，维护学生、教师和学校的合法权益，保证国家教育方针的贯彻落实，促进学校的改革发展。

我全面推进依法治校，目的就是着力营造风清气正的办学风气，杜绝学校违法违纪行为的发生。在容易滋生腐败现象的学校工程建设中，我坚持公平、公开、公正的原则，按照合法程序对工程进行招投标，做到阳光透明、合法合规，避免暗箱操作、灰色交易。在学校教学设备的招标采购中，我也是按照合法程序来办理的，谨防腐败的滋生。坚持依法治校的宗旨，折射了新形势下依法治国的思想。推进依法治国是一项系统工程，要求各行各业都要按照法治的基本原则进行深入的观念更新与制度变革。依法治国基本方略的确定与实施，要求我国教育系统加强教育法制建设，全面实行依法治校、规范办学，构建现代化教育体系。

然而，在新形势下还是有一些人没有对依法治校、依法治教给予足够的重视，思想上麻痹，行动上迟缓，存在侥幸心理。这是十分危险的。尽管依法治校任重道远，变数不少，但是我毕竟走在了正确的道路上，并决意继续走下去。在不懈推进依法治校的同时，我进行教育改革的另一重头戏就是大力推动课堂教学改革。

2010 年 9 月，湛江经济技术开发区教育局教研室向全区各中小学校颁布开展“有效课堂教学人人达标”活动实施方案（试行），正式启动了新一轮课堂教学改革。这一活动以《基础教育课程改革纲要》为指导，引导教师深入学习新课程标准，更新教育理念，研究教材教法，改进课堂教学，形成“人人关注有效课堂教学，人人参与有效课堂教学，人人研究有效课堂教学”的浓烈氛围。通过活动，全区中小学教师人人达到有效课堂教学的基本标准，实现由以教为中心向以学为中心的观念转变，实现由知识传授者向学习指导者与促进者的角色转变，实现由以教为主向以学为主的课堂教学模式转变，促进学生自主学习、主动发展，有效提升教师队伍的课堂教学能力与水平，全面提高教育教学质量。

在我的高度重视和大力支持下，“有效课堂教学人人达标”活动在湛江经济技术开发区各中小学迅速掀起热潮：关于如何提高课堂教学有效性的反思和研究广泛开展，教师们纷纷在课堂环节、教学方法、学习方法等方面下功夫，着力打造有效课堂，提高教学效率。对这一活动形成有力支撑的是各个类别的课堂教学竞赛活动的陆续开展。首先是校长赛课，其次是学校中层干部赛课，然后是教师赛课。在赛课中，校长打头阵，率身垂范，可谓是一个亮点。这一创新举措受到了大多数校长和广大教师的欢迎和好评；但是也有的校长对此态度消极，不屑一顾。有一个姓王的副校长就在校内公开表示，他宁愿不当这个副校长，也不去参加这样的赛课活动。

上级教育部门用心良苦地为学校领导和教师搭建了良好的展示平台，他们本应该抓住时机去展示自己的才华和风采，为什么偏偏有的人反而选择了逃避？从思想动机上看，这样的人是在抵制和反对赛课，蓄意“罢赛”；从心理学上看，这样的人实际上受制于约拿情结。

渴望成功，是人的正常心理。或许你会说谁会拒绝机会，拒绝成功？但是研究发现，当机会来临的时候，人们在潜意识里往往有一种恐惧心理。心理学家亚伯拉罕·马斯洛把这种在机会面前自我逃避、退后畏缩的心理倾向称为“约拿情结”。约拿是《圣经》中的一个人物，他是一个虔诚的基督教徒，并且非常渴望得到神的差遣。后来，神终于给了约拿一个任务，要他到尼尼维城去传话。这本是一种重大的使命和崇高的荣誉，也是约拿一直所向往的。但是，当理想成为现实时，约拿产生了一种恐惧感，感到自己不行，想回避即将到来的成功，想推却即将到来的荣誉。

很多人明明有能力，也渴望获得成功，但机会来临的时候反倒在种种忧虑、畏惧前无奈地做了“约拿”，这是值得警醒的。约拿情结发展到极致，就是自毁的倾向。其实，我们大多数人内心都深藏着约拿情结。心理学家分析，在我们小时候，由于身体条件的限制和不成熟，心中很容易产生“我不行”“我办不到”等消极的念头，如果周围环境没有提供足够的安全感和机会供我们成长的话，这些念头会一直伴随着我们。尤其是当成功机会来临的时候，这些心理会表现得更加明显。因为要抓住成功的机会，就意味着要付出相当的努力，面对许多无法预料的变化，并承担可能导致失败的风险，所以我们退却了。

决策箴言：很多人明明有能力，也渴望获得成功，但机会来临的时候反倒在种种忧虑、畏惧前无奈地做了“约拿”，这是值得警醒的。

毋庸置疑，约拿情结是我们平衡自己内心压力的一种表现。我们每个人都有成功的机会，但是在面临机会的时候只有少数人能够认识并克服自己的约拿情结，相信自己，勇于承担责任和压力，最终抓住并获得成功的机会。这也是为什么只有少数人成功，而大多数人平庸一世的原因。约拿情结是非常复杂的心理问题、文化问题、社会问题。但是，我们可以做的首先是不再浑浑噩噩，继而了解自己的心理状况，勇敢地面对冲突和矛盾，相信自己能表现得更好。

那位王副校长所表露出的约拿情结，对周围其他人的心理具有很大的“杀伤力”。学校领导本应当以身作则，树立典范，开拓进取，在各种教学改革活动中起到表率作用，带领好教师队伍，为学校争创佳绩。然而，有的学校领导担心自己“出洋相”，就无视机会，不敢挑重担，只想平平稳稳坐位子，浑浑噩噩过日子。在学校领导这种消极情绪的感染下，教师就会产生不良的想法，也变得消极起来，不思进取，得过且过。在我看来，当好学校领导要具备四个条件：一是先进的办学理念，二是有效的制度管理，三是出色的治校能力，四是过硬的专业能力。专业能力不过硬，何以能当好学校领导？何以能让教师服气？学校领导以为自己高人一等，消极对待全区重要的课改活动，公开掀起“罢赛风波”，便是打错了算盘，留下了笑柄。如果任由这种消极情绪蔓延，势必掣肘教育改革的深入开展。后来，我在全区校长会议上不点名严肃批评了王副校长及其他存在“罢赛”思想的校长，并责成当事人写出书面检讨，进行自我批评。

不管是学校规范化建设中遇到的“迁坟矛盾”，还是依法治校中“课桌椅事件”的警醒，或是全区重要课改活动中出现的“罢赛风波”，都是我在新形势下大力推进教育改革中出现的“插曲”。教育改革之路荆棘丛生，教育改革不可能一蹴而就。教育管理者要取得教育改革的成效，就要敢于触动一些人的利益，应对诸多困难的挑战，啃下一块块“硬骨头”。

我这个人，一辈子有三件法宝。

第一件法宝是有干劲。教育资源整合，实施人才培养工程，哪一样都不是轻松事，但我凭着无穷的干劲，不怕苦，不怕累，能把每一样都干得有声有色。

第二件法宝是有拼劲。“两区”整合后的湛江经济技术开发区，教育基础差，水平低，欠账多。但我“明知山有虎，偏向虎山行”。我上任后坚定决心办人民满意的教育，硬是闯出了一片湛江经济技术开发区教育发展的新天地，取得了傲人的业绩。

第三件法宝，也是最重要的一件法宝，就是有韧劲。在实际工作中，棘手的问题一个接一个横亘在面前，风险就悬在头顶，无不考验着管理者的决策智慧和管理艺术。“不到长城非好汉”，正是凭着一股韧劲，看准了目标就去做，决不半途而废，非把难题解决才罢休，才使我在各项工作中决策正确、进展顺利、效果良好。

踏实肯干、勇于担当、锐意进取的作风，使我在情况更为复杂特殊的教育改革中站稳了阵脚，使我能够沉着地应对教育改革中出现的各种困难，使我在做出关于教育改革方面的重要决策时没有偏离正轨。

在湛江经济技术开发区搞教育改革，其影响力之大令人难以想象。在这方面，我所做的决策并不简单，从建设规范化学校、依法治校、课堂教学改革等方面可见一斑。所有决策中，我曾对体育中考考纪考风进行了大力整顿。“两区”整合前，体育中考花钱买分之风相当猖獗，一些领导、监考教师徇私舞弊、监守自盗，严重败坏了体育中考的考纪考风，损害了当地的教育公平，社会影响恶劣，群众颇有微词。我上任后采取断然措施，对体育中考监考方案进行了大胆改革，开设专门考场，聘请纪委、公安、家长等组成体育中考监督委员会，加强对考场的监督，并且考试全程实现电子监控，确保体育中考在阳光下进行。这一果断而有力的改革举措，有效地遏制了体育中考的不正之风，捍卫了教育公平，受到了群众好评。

“路漫漫其修远兮，吾将上下而求索。”尽管教育改革之路不是坦途，会遇到各种坎坷，对教育改革做出决策需要冒很大的风险，承受很大的压力，但是我还是决定前行，因为我始终想着把湛江经济技术开发区的教育办好，让群众满意。

诸葛亮之所以能够运筹帷幄、决胜千里，是因为他集智慧于一身，拥有诸多锦囊妙计。成大事者，不单单需要勇气，更需要智慧，关键时刻要善于运用锦囊妙计。在湛江经济技术开发区，要搞教育改革就意味着要做正确的决策，挑战不少。面对严峻的挑战，我没有等待观望，没有消极懈怠，而是选择了积极行动，采用了三个妙计使自己的决策科学有效，最终取得了教育改革的成效。那么，我所采用的三个妙计是怎样的呢？

妙计一　头脑风暴

为了使重要的决策事项具有科学性、有效性，我推崇集体决策。教育改革上的决策当然也可划归到重要决策之列。

不过，我发现集体决策中存在着一个缺陷，就是容易陷于“群体迷思”之中，即在集体决策中，由于心理相互作用影响，集体成员容易屈服于权威或大多数人的意见，形成所谓的“集体迷思”。不少人认为在决策判断中，集体决策可以集思广益、众志成城，但是心理学研究表明很多时候事情并不像我们想象的那样。大家在一起时为了追求思想一致、见解一致、决策一致，多数情况下很多人并不能自如地表达自己的见解，而是倾向于人云亦云。“群体迷思”削弱了集体的批判精神和创造能力，损害了决策的质量。为了保证集体决策的创造性，提高决策质量，“群体迷思”需要时时提防。管理上有一系列改善集体决策的方法，头脑风暴法是较为典型的一个。而我正是运用头脑风暴法摆脱了“群体迷思”的桎梏，做出了科学有效的教育改革决策。

我们有必要来了解一下什么叫头脑风暴法。头脑风暴法又称智力激励法、自由思考法、BS 法，是由美国创造学家 A. F. 奥斯本于 1939 年首次提出，1953 年正式发表的一种激发创造性思维的方法。此法经过各国创造学研究者的实践和发展，至今已经形成了一个发明技法群，如奥斯本智力激励法、默写式智力激励法、卡片式智力激励法等。它是一种通过小型会议的组织形式，让所有参与者在自由愉快、畅所欲言的气氛中自由交换想法或点子，并以此激发参与者的创意及灵感，使各种设想在相互碰撞中激起脑海中的创造性“风暴”。简言之，头脑风暴法的目的在于产生新观念或激发创新设想。

下面我们就来看看运用头脑风暴法的一个有趣的案例。

有一年，美国北方格外寒冷，大雪纷飞，电线上积满冰雪，长距离的电线常被积雪压断，严重影响通信。过去有许多人曾试图解决这一问题，但都未能如愿。后来，电信公司经理应用奥斯本发明的头脑风暴法，尝试解决这一难题。他召开了座谈会，参加会议的是不同专业的技术人员，他还要求与会者必须遵守以下原则。

第一，自由思考。即要求与会者尽可能解放思想，无拘无束地思考问题并畅所欲言，不必顾虑自己的想法或说法是否离经叛道或荒唐可笑。

第二，延迟评判。即要求与会者在会上不可以对他人的设想评头论足，不可以发表“这主意好极了！”“这种想法太离谱了！”之类的“捧杀句”或“扼杀句”。至于对设想的评判，会后会组织专人考虑。

第三，以量求质。即鼓励与会者尽可能多而广地提出设想，以大量的设想来保证质量较高的设想的存在。

第四，结合改善。即鼓励与会者积极进行智力互补，在增加自己提出设想的同时，注意思考如何把两个或更多的设想结合成另一个更完善的设想。

在这种会议规则下，大家七嘴八舌地议论开来。有人提出设计一种专用的电线清雪机；有人想到用电热来化解冰雪；也有人建议用振荡技术来清除积雪；还有人提出能否带上几把大扫帚，乘坐直升机去扫电线上的积雪。对于这种“坐飞机扫雪”的设想，大家心里尽管觉得滑稽可笑，但在会上也无人提出批评。相反，有一工程师在百思不得其解时，听到用飞机扫雪的想法后，大脑突然受到冲击，冒出来一种简单可行且高效的清雪方法。他想，每当大雪过后，出动直升机沿积雪严重的电线飞行，依靠高速旋转的螺旋桨即可将电线上的积雪迅速扇落。他马上提出“用直升机扇雪”的新设想，顿时又引起其他与会者的联想，有关用飞机除雪的主意一下子又多了七八条。不到一小时，与会的10名技术人员共提出90多条新设想。

会后，公司组织专家对设想进行分类论证。专家们认为设计专用清雪机、采用电热或电磁振荡等方法清除电线上的积雪在技术上虽然可行，但研制费用大、周期长，一时难以见效。因“坐飞机扫雪”激发出来的几种设想倒是大胆的新方案，如果可行，将是既简单又高效的好办法。经过现场试验发现，用直升机扇雪真的能奏效。一个久悬未决的难题终于在头脑风暴座谈会中得到了巧妙的解决。

管理者采用头脑风暴法组织集体决策时，要集中有关人员召开专题会议，主持者应以明确的方式向所有参与者阐明问题，说明会议的规则，尽力创造融洽轻松的会议气氛。主持者一般不发表意见，以免影响会议的自由气氛，而由与会者自由地提出尽可能多的方案。

在湛江经济技术开发区，创建“教育强区”和实现义务教育均衡发展是新形势下两个十分重要的任务。在这两大任务驱动下，各个中小学校的建设水平必须提升至一个全新的层次，实现规范化、标准化和现代化。可是，每个学校在建设中都会遇到一些问题，有的问题比较敏感，如果处理不当，就会激化矛盾，造成可怕的后果。比如前述的新民中学迁坟问题就给学校和教育主管部门的应对能力带来了不小的考验，也给我的管理决策带来了极大的挑战。在制订迁坟问题的解决方案上，我采用了头脑风暴法，多次召开座谈会，与会者包括有关部门负责同志、局班子成员、学校领导、村民代表、村干部等。在座谈会上，不同身份的人员自由讨论，畅所欲言，提出自己解决问题的见解，共商化解矛盾的理想对策，气氛和谐。通过座谈会，我着重指出了学校建设和教育发展的意义所在，“百年大计，教育为本”，只有学校建设好了，教育发展好了，子孙后代才能成才，经济发展才有动力，小康生活才有盼头。对我的看法，村干部和村民代表给予了理解和支持，也明白了迁坟就是支持学校建设和教育发展，就是为子孙后代着想。在迁坟补偿上，村民代表提出给村民适当补偿的主张，得到了与会者的赞同。经过磋商交流，形成最佳方案后，我又亲自率领工作组深入到涉及迁墓事宜的村民中去，耐心细致地做村民的思想工作，最终争取到了大家的理解和支持。

综观整个迁坟问题的解决过程，我并不是断然做决策让村民立即把坟墓迁出校园，而是在充分听取各方意见的基础上才做的决定。在棘手问题的处理上，我常运用头脑风暴法，寻求“金点子”，以求达成共识，尽量避免因冒进而激化矛盾，以致局面不可收拾。从中可见，兼听则明，偏信则暗，善借合力，其利断金。

决策箴言：兼听则明，偏信则暗，善借合力，其利断金。

我认为，对于湛江经济技术开发区而言，经济发达，教育落后，两者的不相适应给湛江经济技术开发区的可持续发展带来了很大的隐患，所以要深化教育改革，关键在于如何建立教育与经济相适应的新机制。经济与教育本应该是相辅相成、互相促进、协调发展的，但是，原来的区委区政府只是注重大力发展经济，未能充分认识到大力发展教育的重要意义，教育投入较少，民生欠账较多，造成了如今教育的整体水平远低于其他县区的局面。这也是湛江经济技术开发区创建“教育强区”和实现义务教育均衡发展比较困难的根本原因。在如何建立教育与经济相适应的新机制上，我动了一番心思。因为我明白，教育改革成功与否，做好这一关键环节的决策至关重要。我主要是通过集体决策的方式来解决这个新机制建立的问题的，这其中又采用了头脑风暴法。为了解决新机制建立的问题，我多次组织有关专家学者、局班子成员、教研员、学校领导、教师代表等，召开座谈会，商讨如何建立新机制。通过讨论，与会者明确了当务之急就是抢抓发展机遇，加大教育投入，加快教育发展，提高教育质量。换而言之，就是要让上级领导意识到教育与经济协调发展的重要性，把教育摆在优先发展的战略地位。的确，教育不是包袱，而是经济发展的助推器，是民生事业的晴雨表。只有发展好教育，经济才能拥有美好的未来。“两区”整合后的湛江经济技术开发区党委政府非常重视来自教育系统的热切呼声，决定实施“教育强区”战略，以大手笔去发展教育，提高湛江经济技术开发区的综合竞争力。

与集体决策相比，个人决策毕竟有其局限性。管理者倘若善于发挥集体决策的智慧，那么就容易达到解决棘手问题的目的，实现惊人的决策效益。采用头脑风暴法组织集体决策，是管理者应当谨记的锦囊妙计。

当面对棘手问题的时候，我没有消极懈怠，而是积极行动，巧妙采用头脑风暴法组织集体决策，避免了“群体迷思”的出现，有效地解决了问题，在复杂特殊的教育改革中连连告捷。为了促进教育改革效益的最大化，我在关键事项的决策上采用了一个新的妙计，使自己的管理工作跨上了一个新台阶，创造了新的成绩。那么，我采用的这个新的妙计是什么呢？

妙计二　追踪决策

我的第二个妙计就是“追踪决策”。一项决策确定并实施后，决策者就可以高枕无忧、坐享其成了吗？非也。一项决策最后能否取得成功，创造最大化的效益，除了决策本身的优劣外，还要进行追踪决策。何谓追踪决策？追踪决策就是指决策者在初始决策的基础上对已开始的活动的方向、目标、方针及方案根据实际情况做出新的调整。在决策过程中，人们通常关注的是决策制订和组织落实的环节，对追踪决策则抱着一种可有可无的态度。这其实是一个观念误区，需要决策者注意。追踪决策直接影响到预期目标能否最终实现，它是科学决策过程中不容忽视的一个环节。

随着“有效课堂教学人人达标”活动的广泛开展，湛江经济技术开发区各中小学课堂教学改革呈现出百花齐放的喜人局面，教学教研氛围十分浓厚。湛江经济技术开发区第一小学创新校本教研模式；湛江经济技术开发区第二小学以《教学常规量化考核方案》推动课堂教学改革；湛江经济技术开发区第四小学语文科组构建了“先导后说，当堂反馈，互评达标”的教学模式；德才中学推出了“课前先学—合作交流—疑难求学—展示提升—达标检测”新模式；东简中学推出“二一二型”教研模式，以教研带动教学；觉民中学、民安中学及区一中实施“小组互助合作”的课堂教学模式。区高级职业中学起步最早，2011 年已经开始实施“271 高效课堂模式”，教师参与面广、学生学习积极性高，学校领导和主要教研人员对新教学模式的探索、研究比较深入。围绕“有效课堂教学人人达标”这一课堂改革主题，每个学校都积极发动教师参与课堂教学新模式的探索与研究，紧扣新课程理念，努力转变教师“教”和学生“学”的方式，向四十分钟的课堂教学要质量。值得一提的是，每个学校都认真组织开展课堂教学竞赛活动，在全区掀起了赛课风潮。2010 年，在全区举行的小学有效课堂教学竞赛活动中，东简镇龙水小学叶文冠老师脱颖而出，荣获全区第一名。2011 年，叶文冠代表全区到市里参赛，又荣获全市第一名。之后，叶文冠代表全市到省里参赛，荣获一等奖。叶文冠老师创造了湛江经济技术开发区教育史上的一个纪录，是湛江经济技术开发区教育界的骄傲。

这一轮课堂改革活动不仅促进了教师教学理念的更新，推动了课堂教学模式的变革，提高了湛江经济技术开发区教育的质量和水平，而且涌现出了一批教学成果和课题研究成果，更重要的是盘活了整个师资队伍，培养了一批骨干教师。如此看来，我所提出的“有效课堂教学人人达标”的课改决策是颇见成效的。然而，随着基础教育课程改革的深入推进，教学的新理念、新模式、新策略不断涌现，对教师的专业能力提出了更高的要求。在这种背景下，教师必须与时俱进，不断学习和研究，提高自身的专业能力，向研究型、创新型教师发展；而作为教育管理者，也必须积极思考和创新，勇立教育改革潮头，以超前的意识引领教师深化课程改革，革新课堂教学模式，促进教育质量进一步提升。正是基于这样的认识，2013 年，我果断做出了“巩固课改成效，打造高效课堂”的决策。这是对有效课堂教学的内涵提升，并巧合地顺应了湛江市教育局后来提出的关于在全市“开展高效课堂教学研究”的文件精神。

在打造“高效课堂”方面，湛江经济技术开发区同样取得了不俗的成绩：湛江经济技术开发区多人在全市不同类别或科目的高效课堂教学竞赛中获得一等奖，竞赛综合成绩排全市第一；课题研究成果呈现“井喷”状态，在 2014 年达到全市之最；义务教育发展迅速，中考成绩已名列全市前茅，中考总分、平均分由 2009 年全市排名倒数第二到近年来稳居全市前三名，实现了大逆转；高考成绩与教育水平先进县区的差距逐渐缩小。可以说，在高效课堂改革的有力推动下，湛江经济技术开发区的教育正朝着良性发展的态势稳步前进。

从“有效课堂”到“高效课堂”的教学改革探索，体现了追踪决策的有效性。追踪决策绝不是简简单单的第二次决策，也不是对原决策的根本否定，而是对原决策目标的优化，对支撑决策目标的关键举措的确认、检验，对关键举措可执行性的细化，是对原决策可能产生的后果的系统思考。如果在原决策执行过程中已经发现了错误，管理者却拒绝进行任何修改，依旧一意孤行地执行，这必然会直接危及决策目标的达成，导致原决策彻底失败。

2000 年 1 月，网络巨头美国在线公司宣布以换股及债务方式收购世界最大的媒体公司时代华纳公司。时代华纳董事长杰里·莱文认为这简直是“天作之合”。由于对这次传统和新兴媒体结合所产生的巨大商机深信不疑，杰里·莱文坚决反对采取任何限制性的保护措施，即如果买方的股票价格下降至某一水平以下，卖方将可以重新改写交易条款。

不幸的是，两家公司刚一宣布合并，互联网泡沫就破灭了，美国在线的股票价格骤跌。由于没有保护措施，时代华纳不能就交易重新谈判。时代华纳的一些管理人士敦促莱文以美国在线的股价急剧下跌为借口取消这次合并。但是莱文并没有听取这些建议，依然固执己见，从而使曾经拥有价值 750 亿美元的公司 100％股份的时代华纳股东如今只拥有价值约 750 亿美元的公司 45％的股份。

追踪决策对于任何决策来说都是相当重要的环节。忽视追踪决策，就是忽视潜在的危机，将有可能一败涂地；正视并做好追踪决策，才能稳操胜券。这方面，美国著名的 IBM 公司就把握得比较好。该公司曾经试图研制一种“未来系统”的电子计算机，集中了许多专家，历时数年，花费了 5 亿美元，可最后决定终止研制。因为他们在追踪决策分析时认为，这个项目研制成功的前景渺茫，继续下去只会造成更大的损失。停止研制以后，他们把“未来系统”研究的许多局部成果和经验运用到其他产品的研发中去，使损失减少到了最低程度。事实表明，这项追踪决策是正确的。

追踪决策首先不是对原有决策的简单改变或重复，而是对原有决策的“扬弃”，只有比原决策更加完善和圆满，才能体现其意义所在。其次也意味着要在多个替代方案中比较选优，必须是新的备选方案中的优化方案，即在主客观情况发生了变化的情形下，在诸多新的方案中选择出一个最优方案，从而获取最佳效益。有时候，追踪决策只能从小损或大损中选择，尽可能获得更多的收益。

在追踪决策上，我的果断与我的理念超前不无关系。可以说，超前的理念是成事之基、创新之源。继发起“有效课堂”和“高效课堂”教学模式探索之后，我又在2014年下半年正式提出“觉民课堂”教学模式的构建与研究。“觉民课堂”是基于区域特色文化下的一种课堂教学模式，是课程改革的一朵奇葩，是素质教育的生动载体。“觉民课堂”教学模式在湛江经济技术开发区各中小学再次掀起热潮，各种教学教研活动开展得如火如荼，新的课题研究项目迅速启动，新一轮各个科别的赛课火热进行。伴随着追踪决策的不断推进，湛江经济技术开发区的课堂教学改革始终走在全市前头，释放出了前所未有的正能量，使湛江经济技术开发区的教育发展动力十足，前景光明。

决策箴言：超前的理念是成事之基、创新之源。

“识时务者为俊杰。”时代在发展，形势在变化，教育者以及教育管理者应具备改革创新的意识，主动适应新常态，积极谋求新出路，在思想上不墨守成规，在行动上不故步自封。这样才能在教育改革上有所作为，成就一番事业。

在深化课堂教学改革的进程中，我采用了追踪决策的妙计，达到了全面提高教师教学能力和教学质量的目的。这也为我的教育改革探索取得成功增加了筹码，提振了信心。不过，教育改革是一项系统工程，需要解决的问题比较复杂，考验着管理者的决策智慧和胆略，以及系统化的思维能力。那么，在制订教育改革理想方案的决策上，有什么妙计可以用呢？

妙计三 层次分析

在湛江经济技术开发区特殊的教育现状下如何搞好教育改革，一直是我深入思考的问题。对于我能否因地制宜搞好教育改革，有些人持怀疑态度，并不看好，因为困难和障碍太多了。可是，从数年时间的实践检验来看，我的教育改革可以说还是搞得比较成功的，基本上达到了预期效果。请大家注意，判断一个地区新形势下的教育改革是否卓有成效，有三个关键要素。

第一是突破制约发展的体制障碍。两区整合前，企业学校的管理体制以及重经济、轻教育的落后机制，都给湛江经济技术开发区教育的进一步发展制造了障碍。所以，我进行教育改革的首要任务就是必须理顺企业学校的管理体制，建立教育与经济相适应的新机制，同时创新教育行政部门的督导督学制度。

第二是提升学校规范化办学的水平。学校规范化办学是新形势下学校发展的方向，是学校管理成熟的标志。两区整合前，由于主客观条件的不足，湛江经济技术开发区的不少学校规范化办学的水平比较低，在依法治校上存在一些突出问题，需要通过一些有效的改革举措来提升学校规范化办学的水平。

第三是推动课堂教学改革深入开展。在新课程背景下，各地课堂教学改革掀起了一阵阵浪潮，形成了各种教学模式和教学风格，有力地促进了教学质量的提高。我紧抓契机，不断创新改革思路和手段，推动了课堂教学改革的深入开展。

正是因为抓住了这三个关键要素，我才能在短短数年时间内把湛江经济技术开发区复杂特殊的教育搞得颇有起色。在开展教育改革之前，我运用层次分析法制订了一个理想的教育改革实施方案，为教育改革做足了准备。

什么是层次分析法呢？层次分析法简称 AHP，在 20 世纪 70 年代中期由美国运筹学家托马斯·塞蒂正式提出。它是一种定性和定量相结合的，系统化、层次化的分析方法。层次分析法把研究对象作为一个系统，按照分解、比较判断、综合的思维方式进行决策，成为继机理分析、统计分析之后发展起来的系统分析的重要工具。由于在处理复杂决策问题上的实用性和有效性，层次分析法很快便在世界范围内得到了重视。层次分析法的应用已遍及经济计划和管理、能源政策和分配、行为科学、军事指挥、运输、农业、教育、人才、医疗和环境等领域。

层次分析法的基本思路与人面对一个复杂的决策问题时的思维、判断过程大体上是一样的。以假期旅游为例来说明：假如有 3 个旅游胜地 A、B、C 供人们选择，人们会根据诸如景色、费用、居住、饮食、旅途条件等一些准则去反复比较这 3 个候选地点。首先，人们会确定这些准则在自己心目中所占的比重，如果人们经济宽绰、醉心旅游，自然特别看重景色条件；而平时俭朴或手头拮据的人则会优先考虑费用；中老年旅游者还会对居住、饮食等条件寄以较大关注。其次，人们会就每一个准则将 3 个地点进行对比，譬如 A 景色最好，B 次之；B 费用最低，C 次之；C 居住条件较好；等等。最后，人们要对这几个层次的比较判断进行综合，在 A、B、C 中确定一个作为最佳地点。

在进行选择时，人们所考虑的因素诸如景色、费用、居住、饮食、旅途条件等，是相互制约、相互影响的。我们将这样的复杂系统称为决策系统。层次分析法就是要将复杂的决策系统层次化，通过逐层比较各种关联因素的重要性来为分析以及最终的决策提供定量的依据。运用层次分析法有很多优点，其中最重要的一点就是简单明了。层次分析法不仅适用于存在不确定性和主观信息的情况，还允许以合乎逻辑的方式运用经验、洞察力和直觉，使管理者能够认真地考虑和衡量指标的相对重要性。

在制订理想的教育改革方案时，该如何对各种重要因素进行层次分析呢？我首先将与本次教育改革相关的各种重要因素罗列了出来。

第一是革除旧有教育管理体制弊端，改革人才培养体制，建立教育发展新机制。

第二是推进学校规范化、标准化、现代化建设，创建“教育强区”，实现义务教育均衡发展。

第三是转变校长的办学观念，提高依法治校、规范办学的水平。

第四是开展课堂教学改革，探索课堂教学新模式，提高课堂教学实效性。

第五是遏制不良风气，建立教育公平。

第六是鼓励社会力量参与办学。

第七是构建教师终身教育体系。

第八是加强城乡教师互动交流。

第九是实现教育办、管、评分离。

在现阶段的教育改革实施方案中，如果把所有的重要因素都考虑进去，并制订措施全面实施，当然可以算得上是最佳方案。然而，因为湛江经济技术开发区教育的基础差、起点低、问题多，所以教育改革不可能在数年内一步到位，而应当因地制宜、步步为营、循序渐进。在对各种重要因素进行系统分析后，我决定把教育体制和机制革新、学校规范化建设、依法治校、课堂教学改革、建立教育公平等重要因素纳入实施方案，作为优先改革的对象，解决湛江经济技术开发区教育发展中亟须解决的突出问题，争取在五年内取得初步成效。对于其他重要因素，我也进行了认真的研究和分析，并做了规划纲要，决定在时机成熟时再推出相关措施。当然，有的改革事项需要获得政府层面的政策支持才能顺利进行。这一点，我非常清楚，因此我也在尽力争取政策支持，做到既不因循守旧，又不唐突冒进。

本来，在湛江经济技术开发区搞教育改革是一项艰巨的任务，因为它旨在解决诸多棘手的现实问题。我在这方面的每一个决策都面临着不确定性，潜在风险很大，若操作不当就会给整个教育发展大局造成负面影响。但是，通过层次分析，我把复杂问题层次化，分清了轻重缓急，既没有

"一叶障目，不见泰山"，也没有眉毛胡子一把抓，从而科学地制订出了湛江经济技术开发区教育改革的理想方案，为湛江经济技术开发区现阶段的教育改革指明了方向。从中可见，正是层次分析这个妙计，才让我的决策显得科学有效。

教育改革之路是荆棘丛生之路，也是鲜花飘香之路。对于教育者和教育管理者来说，走在这条路上，辛酸与幸福相伴，激情与梦想齐飞。作为一名教育管理者，为了走好这条路，我付出了汗水，也收获了丰硕的果实。群众对湛江经济技术开发区教育健康、蓬勃的发展越来越满意即是明证。在教育改革之后，在区域文化建设方面我又做了些什么呢？这里面又有什么样的另类技巧可以用于决策呢？

第六章

在决策中屡试不爽的另类技巧

在决策中，有些人很喜欢运用一些另类技巧以求出奇制胜，但有时效果并不理想。出现这种情况往往都是因为另类技巧出了问题。那么，什么样的另类技巧才能在决策中屡试不爽呢？

《孙子兵法·势篇》有一句名言："善出奇者，无穷如天地，不竭如江河。"意思是说，善于出奇制胜的人，其战术变化就像天地万物那样无穷无尽，像江河之水那样奔流不息。管理者制订战略就是这样，既要有远见卓识，勿为近得所溺，又要根据各个方面具体情况的发展变化而灵活变动；既要行动果断，又要足智多谋。只有这样，才能在决策中游刃有余，成功胜出。作为一个善出奇谋的管理者，只有灵活决策，以变应变，驾驭另类技巧才能轻车熟路。

清代著名书画大家郑板桥题书斋联："删繁就简三秋树，领异标新二月花。"这副对联的下联主张要"自出手眼，自树脊骨"，令人称道。近年来，我在区域教育文化建设上想方设法，所着力打造的区域教育文化品牌正如二月花一般，独树一帜，格调清新，给人眼前一亮的感觉。我所着力打造的区域教育文化品牌是怎样的呢？

2014 年 12 月 30 日上午，晴空万里，湛江经济技术开发区觉民小学秀丽如画的校园内，东海书院首届"觉民讲坛"活动隆重举行。这次活动的主题是"传承书院文化，弘扬觉民精神"，主办单位是湛江经济技术开发区教育局，参加这次活动的有区管委会有关领导、包括我在内的区教育局班子成员、全区各小学的校长及教师代表、觉民小学全体师生共计 2000 多人。我在活动的启动仪式上发表讲话，宣告了东海书院研究院的成立，从此，"觉民教育"揭开了新篇章。

东海书院是湛江经济技术开发区觉民小学的前身，是本地区办学最早的学校之一，堪称"红土春秋"中的一支文明奇葩。东海书院始建于乾隆十年（1745 年），1921 年改名为"东海小学"，1935 年改名为"觉民小学"。其教育宗旨在于"先觉"，寓意为用革命道理使民众觉醒。在革命战争年代，觉民小学是革命策源地，是地下党活动的重要基地，东海的革命圣火在这里点燃。她为中华民族培养和造就了无数的革命栋梁。后来，学校曾几度改名，1961 年经湛江市政府批准，恢复原校名"觉民小学"。两区整合后，改名为"湛江经济技术开发区觉民小学"。从中可见，湛江经济技术开发区觉民小学是一所具有悠久历史、深厚文化底蕴和光荣革命传统的学校。湛江经济技术开发区教育局正是立足于传承与弘扬传统文化，立足于提升公民素养，才成立了东海书院研究院。东海书院研究院的院长由来自湛江经济技术开发区第一中学的教育专家江海燕担任，团队成员都是来自部分学校的骨干教师。东海书院研究院以湛江经济技术开发区觉民小学为基地，以“觉民教育”为载体，定期开办“觉师”培训班，组织开展一系列校园文化、教学教研活动，并指导湛江经济技术开发区各个学校深入实施“觉民教育”。

我认为，湛江经济技术开发区虽然是由湛江经济技术开发区和湛江市东海岛经济开发试验区两区整合而成，但就面积和传统而言，湛江市东海岛经济开发试验区还是可以作为代表。那是一片历史悠久、文化底蕴深厚的土地，孕育出了许多优秀的人才，也传承了优秀的文化。那里有古朴的“东海书院”，昭示着先人创办教育的初衷——斯道觉民。如今，湛江市东海岛经济开发试验区的教育也在改换青天，正需要有鲜明的理念作为指引。结合历史、地域与时代的特点，我提出了“觉民教育”这一教育新概念。

那么，“觉民教育”究竟是一种怎样的教育？它包含了什么样的思想内涵？在我看来，“觉民教育”是一种具有湛江经济技术开发区独特风格的教育，它依托传统文化，以“明德、循道、正觉、悟民”为核心精神，以“天之生斯民也，使先知觉后知，使先觉觉后觉”为“斯道觉民”的思想基础，开展“觉师觉生教育”，使人敏感，唤醒潜能，启迪智慧。它秉教育良知，担育人重任，持教育情怀，塑美好人生。

“觉民教育”的核心精神从字面上来解释，“明德”就是懂得什么是基本的美德，懂得分辨德行的美丑，并且能在平日的行为中践行美德；“循道”就是沿着前人留传下来的方法，延续前人的做法，有规律地将道理传播开来；“正觉”就是拥有智慧和真理；“悟民”就是使老百姓醒悟、明白。四者的关系，既是并列，又有递进，还存在因果。四个词都是动宾结构，每个词的第一字都表示行为，第二字是内容，四者并重，因此并列。在这四个词中，“明德”是基础，是最基本的要求，“循道”是进一步的要求，然后达到“正觉”，最后“悟民”，有循序渐进的关系，因此是递进。另外，倘若前三个词语都达到了，那么“悟民”自然而成，所以是因果。“明德，循道，正觉，悟民”这八字真言，也正是我所倡导的湛江经济技术开发区教育的核心价值观。

“觉民教育”的精髓就是“唤醒”教育，基本内容就是韩愈在《师说》中提倡的“传道、授业、解惑”，途径就是通过对传统文化的传承将传统文化的精髓和现代科学技术相结合开展教育活动，目的是培养兼具传统美德和创新精神的新世纪人才。“觉民教育”不是指狭义的觉民小学的传统文化教育，而是整个湛江经济技术开发区的教育。它站在一个区域角度去审视教育发展，由此引申出具有区域特色的教育理念、教育模式和教育文化。

我们通过解读“觉民教育”这个教育新概念，可以获得两个信息。

第一是要注重对传统文化、传统精神的传承与弘扬，要善于挖掘传统文化资源，建设有特色、有内涵的区域教育文化。在当今大力弘扬国学、弘扬传统文化的新形势下，“觉民教育”这种提法需要有教育管理者的大视野、大智慧。

第二是要有超然的教育情怀和教育境界。对教育的深切热爱和执着追求，使我找到了“觉民教育”这一最切合湛江经济技术开发区教育实情的新模式，既拓展了传统文化教育的精粹，又丰富了现代素质教育的内涵，可谓一举两得，两全其美。

我希望通过大力开展“觉民教育”，传承和弘扬传统优秀文化，培养出能够明辨是非、具有美好品德、知识素养高、有智慧、有能力的学生，再通过这些学生将理念辐射给他们的家人，从而使整个湛江经济技术开发区的民众都能成为高素质的文明人。

有很多人会认为，传统文化偶尔提一提就可以了，不必太过认真，更不值得花大力气去传承与弘扬，毕竟那是过去的东西，适合于从前的年代。如今是信息时代，教育者应该具有现代教育思维和国际视野，用现代教育方式去培养未来需要的人才。然而，正是因为过去二三十年我们不重视传统，漠视民族的文化，才使现在相当一部分青年人没有养成良好的文明习惯，没有树立正确的人生观、价值观和世界观，甚至没有形成判断是非美丑的能力。

那么，我们的传统文化有无价值？我们的传统文化对教育孩子是否还有重要作用？传统文化中既有精华，又有糟粕，我们必须辩证看待，取其精华，去其糟粕。我们优秀的传统文化在教导孩子如何做人、如何与人相处、如何确定自己的目标、如何树立人生观和价值观等方面有很好的引导和示范作用。《三字经》中的“子不学，非所宜，幼不学，老何为”，教导人从幼童时就该从学；“香九龄，能温席；孝于亲，所当执。融四岁，能让梨，弟于长，宜先知”，教导孩子从小要懂得孝顺父母和敬爱兄弟。品行一旦形成，孩子终身都会受益。正因如此，2014 年 11 月 24 日教育部办公厅颁布了一个通知，要求各学校开展“少年传承中华传统美德”系列教育活动，以三年为一周期，每年开展三项活动。

1. 在中小学广泛开展“小小百家讲坛活动”。通过经典诵读、主题演讲等方式，提高中小学生的语言表达能力，引导他们学习、理解中华优秀传统文化，感悟中华优秀传统文化的精髓和魅力，增强民族自豪感和文化自信心，并从传统文化中汲取营养，自觉践行社会主义核心价值观。

2. 在中小学广泛开展“墨香书法展示”活动。推动“书法名家进校园”活动，促进中小学书法教育扎实开展。激发和培育广大中小学生学习书法的热情，感受书法的魅力，提高审美能力和文化品位，增加文化自信和爱国情感。

3. 在中小学广泛开展“寻访红色足迹”活动。以爱国主义为核心，以革命传统教育为重点，通过阅读革命传统故事、观看红色电影、走访革命后代、开展革命旅游等方式，组织中小学生开展丰富多彩的寻访红色足迹活动，引导他们了解中国近现代史特别是中国革命史和中国共产党历史，体验革命情怀，弘扬革命精神，坚定永远跟党走的理想信念。

教育部这三点活动要求，恰恰与湛江经济技术开发区现在开展的“觉民教育”的内容不谋而合，着眼处都是传承和弘扬传统优秀文化。从中可见，湛江经济技术开发区的觉民教育活动是紧跟国家教育的发展形势的，这并不是一种迎合，而是认识上的高度一致。文化滋养人的生命，而传统文化更是能滋养整个民族的智慧。在校园里传承和弘扬优秀的传统文化，将优秀的传统文化渗透进教学活动和学生的日常生活，这是教育的责任，也是教育的使命。

然而，在如何传承与弘扬传统文化上，我并没有仅仅停留在对国学的重温、解读和宣扬的老路上，而是走了区域教育文化特色发展之路，注重打造区域教育文化品牌。我深入挖掘了东海书院“觉民”这一书院文化资源，并以此为切入口，挖掘了红色文化、灯塔文化等地方文化资源，最后整合成了现今的“觉民教育”文化。“觉民教育”文化品牌是我所着力打造的区域教育文化品牌，主要包括书院文化、红色文化和灯塔文化三个方面的内容。其中，书院文化昭示着先人创办教育“斯道觉民”的初衷，由此孕育出了“觉民精神”以及崇尚读书的“新民精神”；红色文化揭示了这里曾是一片燃烧着先烈们革命激情的革命老区，由此孕育出了勇于付出的奉献精神；灯塔文化源自全国重点文物保护单位——绿岛灯塔，它是一座见证了一百多年抗击殖民侵略历史的水晶磨镜灯塔，凝结着绿岛人民勤劳的心血和创造的智慧，由此孕育出敢为人先的“灯塔精神”。最后，我对觉民精神、新民精神、奉献精神和灯塔精神四大精神进行梳理和归纳，将其提炼为“觉民教育”精神，其核心即“明德，循道，正觉，悟民”。

我通过有机整合书院文化、红色文化和灯塔文化三大传统文化资源，打造出“觉民教育”文化品牌，并提炼出了“觉民教育”的核心精神。这是区域教育文化建设中的一个亮点，在全市教育文化建设中独树一帜，大放异彩。正如立异标新的“二月花”一般，“觉民教育”文化品牌绽放出了独特迷人的魅力，让人赞叹不已。“觉民教育”一经推出，便在整个湛江经济技术开发区教育系统中引起了轰动，也引起了其他县区教育人士的高度关注，群众好评如潮。“觉民教育”的理念与模式也激发起了湛江经济技术开发区广大师生的强烈共鸣，使他们踊跃参加“觉师”“觉生”的教育活动，共同分享着教育的快乐。自 2015 年 1 月 17 日起，湛江经济技术开发区教育局半年时间内在觉民小学相继举办了三期“觉师”培训班，邀请教学经验丰富的一线教育专家为湛江经济技术开发区中小学教师传授和讲解“湛江教育”的精髓。参加培训的教师都能非常认真对待“觉师”培训活动，积极撰写心得体会。在2015年1月“觉民教育”微信公众号建立后，教师更是在上面发表了诸多关于“觉民教育”心得之作，互相切磋，共同感悟。全区各个学校纷纷响应教育局的号召，开展了丰富多彩的“觉师”“觉生”教育活动。在短时间内，“觉民教育”便在全区教育系统中掀起了热潮，原因何在？这是因为“觉民教育”让广大师生寻觅到了区域文化之“根”，让他们产生了文化认同感和精神归宿感。

在“觉民教育”推出后，也有人对此表示质疑，认为这是一场热热闹闹的“教育秀”，看上去很美，可内在却很虚松，将会昙花一现，徒有其名。那么，真相是不是这样的呢？从实践效果看，我所倾心打造的“觉民教育”并不是昙花一现，而是名副其实找准了区域教育文化建设的切入点，找到了全面振兴湛江经济技术开发区教育事业的“法宝”。从另一个角度看，我的决策思维显得有点“另类”。古语云：“事有便宜，而不拘常制；谋有奇诡，而不徇众情。”意思是说，处置一件事应采取最有利的方式，而不要拘泥于某种固定的程式；计谋应具有出人意料、变化难测的特点，不应迎合、屈从一般人的见解。做决策同样如此，墨守成规、亦步亦趋，自然了无新意，没有什么建树可言。在关键的决策事项中，我喜欢不按套路出牌、突破常规、大胆创新、出奇制胜。

在现实中很多人都想走一条成功的捷径，却苦于不知从何处下脚。为此，我们不禁要问：成功有无捷径？如果成功也有捷径，那么它在哪呢？在我看来，成功的捷径就在自己的脚下，这是一条尚没有人走过的路。的确，一个人要成功，就要有创新精神，敢为天下先。我关于打造区域教育文化品牌的重要决策之所以让人眼前一亮，并彰显出独特的价值和意义，产生轰动效应，是因为我善于在创新中求变化、谋发展。那么，当面对不利局面，我们如何打破常规，创新求变呢？

在一个全国性的酒类博览会上，很多的国内知名品牌厂家蜂拥而至，有一家名不见经传的小酒厂也想占一席之地。由于场面之大远超出酒厂领导的预测，小酒厂的产品和参展人员被挤在了一个小角落里。虽然小酒厂的产品是运用传统工艺精心酿制的佳品，但从包装外观和广告宣传上都很难让经销商认可。大的厂家使出了浑身解数来推销，小的厂家根本无计可施。博览会将近尾声的时候，小酒厂的产品依然无人问津，一无所获，厂长为此一筹莫展。

这时这家小酒厂供销科的科长突然发现了被其他厂家忽略的一点，他对厂长说："让我来试一下。"只见他取过两瓶酒装在一个网袋里就往大厅中心走去，科长的这一举动使得厂长莫名其妙。

这位科长走到大厅中央人员稠密的地方，突然"一不小心"将两瓶酒掉在了地上。酒瓶碎了，大厅内顿时酒香四溢。这时，大家不由得寻味找去，大赞好酒！于是凭借这酒香，很多客户对这家小酒厂的酒产生了兴趣，产品在一个多小时内被订购一空。由于厂长说为保证产品质量，暂时不想扩大生产规模，所以很多经销商便只有"望洋兴叹"的份了。

小酒厂的品牌一举成名，产品从此供不应求。这位科长就是选择了一种出奇制胜的创新推销方式。想以正常的思维方式和行为方式在强手如林的市场中抢占一席之地，谈何容易？于是这位科长便选择了超常规举动为这个无名小酒厂打开了局面。这个创意成就了小酒厂的辉煌，可见创新的力量之大。

创新才有新路，不创新就有可能走入死胡同。"一招鲜，吃天下"的时代已经一去不复返了，工作中若能运用一些出其不意的妙招，往往会收到神奇的效果。思路决定出路。对于创新而言，最重要的不是知识，而是思路。一个小小的创新就可以在激烈的竞争中胜出，总是因循守旧地围着一个传统模式转，是很难有所突破的。

决策箴言：思路决定出路。

作为一个管理者，有了创新意识和精神，在同一种竞争体制下就有可能在决策中匠心独运，出奇制胜。我以“觉民教育”为主要载体，打造区域教育文化品牌，需要的是新颖的思路，敢为人先的创新精神以及颇具创造性的决策思维。所以我做好决策的另类技巧，就源自于创新意识和创新精神。

我打造区域教育文化品牌的重要决策在湛江经济技术开发区掀起了一阵教育文化热，引起了人们关于如何把传统优秀文化与现代教育方式融合起来付诸实施的深刻思考。我所做决策的成功，根源就在于我的创新精神，在于我的另类技巧。那么，我在决策中屡试不爽的另类技巧究竟是怎样的呢？

技巧一　非线性

2014 年 1 月，湛江市教育局决定在全市各类学校中组织开展“创建特色文化校园”活动。在这一活动的推动下，我开始深入思考湛江经济技术开发区的特色文化校园创建，并由此开始以更大的视野审视区域教育文化建设。在这里，我想介绍给我进行文化建设带来灵感的两个人。

第一个是来自湛江经济技术开发区第一中学的教育专家江海燕老师。十多年来，江海燕老师一直执着于校园文化研究，有多篇这方面的论文发表在中文核心期刊上。江老师有一个先进的理念：文化养育文化人。她认为，文化的本质是精神，教育的源点是灵魂，学校的品牌是特色，教师的特色是文化。教师作为文化的载体，作为教育人，应该进行文化研究，还要认识到文化是一种熏陶濡染的过程。文化作为一种过程是一种长期的过程，教师需要有意识地营造文化课堂的氛围，让学生长期浸染其中，“久之成色”，从而达到内化的目的；文化的目的是滋养学生的灵魂，在课堂中需要时时发挖文化的元素，以实现这种滋养；文化教育应体现层级性，逐层递进地促进学生的文化生长。她提出，要由文化的渊源出发，打造独特的校园。文化本身是一种财富，而校园文化是万千学子的精神家园。进行校园文化研究，教育人要充分研究当地文化和学校渊源，准确给本校文化定位，从而打造出独特的文化品牌。

在江海燕老师的努力下，湛江经济技术开发区第一中学的特色文化校园建设搞得有板有眼：文化长廊、文化专栏、文化活动和校本教材四大文化项目建设齐头并进，树立了“红土文化”品牌，整个校园洋溢着浓浓的红土文化气息，广大师生的精神气质为之一新。该校的特色文化校园建设走在全区前列，成了一个“样板”。江老师也以其先进的理念和出色的才华赢得了我的赏识与信任，得任东海书院研究院院长这一要职。我希望江海燕老师能在更广阔的平台宣扬先进理念，发挥出色才华，为湛江经济技术开发区的特色文化校园创建以及教育事业发展奉献力量。

第二个是李子江教授。李子江教授是一位在区域文化研究上颇有造诣的专家，学术成果显著。

何谓区域文化？由于地理环境和自然条件不同，经过长期的历史过程，导致文化背景产生差异，从而形成了明显与地理位置有关的文化特征，这种文化就是区域文化。中华文明在春秋战国时期就开始按各地风俗的不同来区分和认知地域文化了，《诗经·国风》所收诗歌即采自周王朝各诸侯国并按地域国别编排而成，展现了各地域间的民俗风情和不同文化特征。但现代意义上的区域文化研究在我国萌芽比较晚，20 世纪 30 年代，学术界成立了一个“吴越文化研究会”，是中国最早提出的区域文化。20 世纪 40 年代巴蜀文化兴起，新中国成立以后最早开始研究的是楚文化。之后，齐鲁文化、岭南文化、中原文化、三秦文化、燕赵文化、三晋文化等区域文化纷纷扯起大旗，在短短的几十年内蓬勃发展起来。

“区域文化研究热”在国内兴起，它自身有着不可小视的当下价值：第一，区域文化是先进文化多样化发展的重要载体和具体展现，也是先进文化不断升华和培育新的民族精神的根基和力量源泉。第二，区域文化对区域经济发展有重要的推动和促进作用。第三，那些独具特色的地域文化，本身就是区域经济发展的重要资源，也是各地开展文化旅游的直接资源和文化旅游品格得以提升的保障。说到底，不同的区域文化以自身的特殊内容，在给中华主流文化不断提供丰富的养分。中华民族精神的形成与发展，是不同的区域文化及以之为基础的中华传统主流优秀文化的人文结晶。

正是因为看到了区域文化的重要价值和意义，所以我主动拜访了李子江教授，向其请教这方面的学术问题，并盛情邀请他莅临湛江经济技术开发区对区域文化进行调研。在走访湛江经济技术开发区学校特色文化建设之后，李子江教授对觉民小学里的东海书院颇感兴趣，对“觉民”这一区域文化符号尤为欣赏。他建议，湛江经济技术开发区不妨围绕“觉民”这一区域文化符号来建设区域教育文化。李子江教授的想法激发了我的强烈共鸣，于是一个关于“觉民教育”的构想开始在心中酝酿。

现在，我们来解析一下江海燕老师和李子江教授两人在文化研究上给予我的思维启迪。其实，在我的脑海里，关于“环境育人的重要性”这个课题的研究从未停止过，我一直在苦苦探索该以怎样的切入口去优化育人环境，促进素质教育，培养“四有”人才。江海燕老师“文化养育文化人”的理念及其成功实践，让我加深了对“文化”重要作用的认识，增强了通过创建特色文化校园来优化育人环境的信心。李子江教授对区域文化的研究所彰显出的重要价值和意义，让我看到了区域文化的闪光之处，看到了区域教育文化建设的美好前景。可以说，两位专家富有特色的文化研究对我产生了不小的灵感触动，使我最终明白了打造“觉民教育”这一区域教育文化品牌的意义所在。在这个过程中，我打破了自己的思维定式，产生了灵感思维和顿悟思维，决心走非常规文化建设路线，打造具有湛江经济技术开发区独特风格的“觉民教育”模式以及文化品牌。

有必要指出的是，思维定式不是天生的。如果个体注意科学发展的背景，吸收新的知识，更新自己的思维，有助于改变既有的思维定式，调整自己的决策行为。打破思维定式，实现思维的“突变”和“创新”，就是非线性思维的体现。非线性思维通过灵感思维、顿悟思维和直觉思维三种形式表现出来。相对于线性，非线性是指变量之间的数学关系不是直线，而是曲线、曲面，或不确定的属性。非线性科学研究表明，自然界存在大量的复杂事物，如气象系统、海洋系统等，宇宙内的大量相互作用都是非线性的。可见，世界在本质上是非线性的，线性不过是非线性作用在一定条件下的近似。在复杂的、混沌的系统面前，线性思维显现出了它的局限性。与线性思维相比，非线性思维是一种更全面的思考问题的方式。

决策箴言：思维定式不是天生的。如果个体注意科学发展的背景，吸收新的知识，更新自己的思维，有助于改变既有的思维定式，调整自己的决策行为。

随着科学技术的发展和社会生活的进步，创新和创造已经成为一项重要的有着推动社会发展积极意义的活动；而人类的创造性的活动要求我们具备创造性的思维。创造性思维与一般性思维相比，其特点是思维方向的求异性、思维结构的灵活性、思维进程的飞跃性、思维表达的新颖性、思维效果的整体性等。毋庸置疑，非线性思维的存在有着重要的作用。它突破常规的束缚，属于创造性思维的一种。从创造性活动的主体方面来说，非线性思维像是黑暗中的一盒火柴，一瞬间就能为人照亮前方的道路，使创造主体找到努力的方向。非线性思维让创造主体从总的方向上，从发散的、逆向的、反常规的角度甚至从混沌中把握有序、拓展思路、探求真理。非线性思维另辟蹊径，让创造主体开阔了思路，也让人意识到了各种解决问题的可能性。非线性思维能解放人的大脑，刺激和促进思维活动，从而摆脱创造活动中的困境，让思绪飞扬、思维清晰，更利于创造主体潜能的发挥。

用非线性思维引导管理者的决策行为，往往会使管理者的见解入木三分，抓住问题的关键，揭示事物的本质。

非线性思维有助于管理者拓展思路，看到事物的普遍联系，深入了解事物的本质。我所着力打造的“觉民教育”文化品牌，就反映了其非线性思维的特点。我创造性地把书院文化、红色文化和灯塔文化整合成具有区域特色的“觉民教育”文化，看似无规则，实则使之达到了和谐统一，也正是非线性决策技巧成功运用的体现。此外，整合后的“觉民教育”文化也产生了很大的正效应，不仅为整个湛江经济技术开发区特色文化校园建设奠定了基调，营造了区域性、人文性的育人环境，而且形成了湛江经济技术开发区教育的核心价值观，使广大师生找到了文化认同感和精神归宿感，增强了凝聚力和向心力。这也是一种值得称道的非线性效应。

有人认为运用非线性思维做决策不够稳妥，要冒很大的风险。然而实践研究表明，管理者善于运用非线性思维，恰恰能够规避风险，做出不一般的决策。非线性既突破常规，又多维互动，是多元的、开放的技巧，值得决策者加以运用。当然，决策是一种平衡过程。管理者在考虑非线性的时候，也要考虑平衡性，在各种因素之间进行权衡，然后做出合理的取舍，让决策更优化。那么，我在决策中是如何综合考虑各种因素，然后寻求一个平衡结果的呢？

技巧二　平衡性

很多人都有“追求完美”的心理现象。追求完美是一种积极向上的心态，能促使人们朝着目标坚定地奋斗，体现了正能量的一面。可是，过分追求完美就变成了一种病态心理。不管是对人还是对事，都高标准、严要求，力争尽善尽美，即便做得非常出色仍然不能满意，这样的人，堪称完美主义者。完美主义者难免只按理想的工作标准苛求，而不按现实情境考虑应否留有弹性或余地。如果管理者变成了一个完美主义者，其决策往往会陷入“完美困局”。什么是“完美困局”？

有一天，柏拉图问老师苏格拉底：“什么是爱情？”

苏格拉底就让柏拉图先到麦田里去摘一棵全麦田里最大最金黄的麦穗来，其间只能摘一次，并且只可向前走，不能回头。

柏拉图按照苏格拉底说的去做了。结果，柏拉图两手空空地走了回来。

苏格拉底问柏拉图："你怎么空手回来了？"

柏拉图说："当走进麦田的时候，我曾看到过几株特别大的、金黄的麦穗。可是我总想着前面也许会有更大更好的，于是就没有摘。我继续往前走，总觉得看到的麦穗还不如先前看到的好，因此我最后什么都没有摘到。"

苏格拉底意味深长地说："这，就是爱情。"

又有一天，柏拉图问苏格拉底："什么是婚姻？"

苏格拉底叫柏拉图先到树林里砍下一棵全树林最大最茂盛的树回来，放在家里做圣诞树。其间同样只能砍一次，同样只可以向前走，不能回头。

柏拉图于是照着苏格拉底说的话去做了。这一次，柏拉图带了一棵并不算最大最茂盛，却也不算太差的树回来了。

苏格拉底问他："你怎么就砍了一棵这样的树回来？"

柏拉图说："穿越森林时，我吸取了上次摘麦穗的教训。当我走到大半路程还两手空空时，看到这棵树也不错，便砍了下来，免得错过之后又空手而归，尽管它并不是我看见的最棒的一棵。"

苏格拉底意味深长地说："这，就是婚姻！"

人生正如穿越麦田和树林，只走一次，不能回头。要找到属于自己的最好的麦穗和大树，你必须懂得权衡，适可而止，不要在等待中失去，也不要在梦想中死去。每一个人都希望自己的问题能得到最完美的解决，每一个人都希望自己的决策能创造最大的效益，然而完美主义者常常失去。"思想有多远，我们就能走多远"，但这并不是说我们可以达到思想的高度。因为现实和理想永远存在着距离，行为只能走在无限靠近目标的道路上。在决策中，过分追求完美是不现实的，就像"采摘最大最金黄的麦穗"一样，只能陷入"完美困局"，在遗憾中失去机会。其实，决策就如同柏拉图"砍树"一样，不一定非要森林中那棵"最大最茂盛"的树，只要能满足我们做"圣诞树"的要求就行了。既然每一种决策方案都存在不确定性，那么就没必要刻意去追求完美，选择令我们满意的就可以了。

诸葛亮是古今中外很多人的偶像。他集智慧、忠诚、正直、廉洁于一身，辅佐刘备借荆州、占益州、入巴蜀、联东吴，可谓朝中之事，无分巨细，事必躬亲。然而，恰恰是这份鞠躬尽瘁，导致了蜀汉军政管理上的诸多失误。这一切都源自于诸葛亮的完美主义人格。可以说，诸葛亮的人格悲剧在于过分追求完美。作为管理者，要避免自己陷入“完美困局”，在决策上尤其如此。很多管理者都想做出让所有人都满意的决策，但这种完美主义的目标是不现实的，因为没有哪个决策是完美无缺的。然而，有的管理者显得十分固执，选择了以一种近乎“钻牛角尖”的态度来进行决策，费时费力，结果不一定成功。即使这样的决策成功了，但由于付出的代价太大，跟失败也没有什么区别。因此，管理者千万不要强求最好的决策。

决策箴言：管理者千万不要强求最好的决策。

那么，如何克服决策中容易出现的“完美困局”呢？要解决这个难题，就要用上“平衡性”这个技巧。决策是一种平衡过程，既要追求完美，又不能过分追求完美。这是不是一种矛盾？这不是矛盾，而是要求管理者在决策时坚持满意原则，把握好完美的“度”，在各种因素之间进行权衡，寻求一个“平衡点”，然后做出合理的取舍。

我提出打造“觉民教育”这一区域教育文化品牌后，有些人认为这是一个不完美的决策。他们的理由是“觉民教育”虽然有内涵、有特色、有亮点，但注重的恰恰是区域性传统文化，宣扬的是区域教育文化理念，产生的是“复古”思潮，地方色彩浓郁，这样就有可能与现代教育理念和模式形成冲突，影响素质教育的实施。我提出“觉民教育”，并不是为了夺人眼球而另起炉灶、自立门派，而是基于当前社会对“传统文化教育”的人文需求，抓住了社会大众呼唤“传统美德回归”这一美好愿景，以培养知识全面、素质优良、人格健全的现代公民为出发点。“觉民教育”本身就是素质教育的一种形式。“觉民教育”的核心精神融入了社会主义核心价值观，具有时代特征。在“觉民教育”的实践中，主要侧重传统优秀文化传承与现代教育技术运用的相结合，突出教育的“唤醒”功能，追求教育的“觉民”境界。

那么，“觉民教育”决策的平衡点是什么呢？我认为就是“觉民”两字。“觉”是智慧，是一种感悟，是对无限和永恒的理解和推论。知识是有限的，再博学的知识在无限面前也会黯然失色。智慧是富于创造性的，不为有限所困，面对无限反而会显得生机勃勃。知识学习是智育的首要目标，但不是唯一的目标。知识应该为人的发展奠定基础。知识必须转化为智慧，才能显示出它的价值。也只有在智慧的引导下，才可能存在真正意义上的心智活动。“民”既包括正在受教育的民众，也泛指所有的民众，所有的人。当所有的人都增长了智慧，都得到了启悟，明白了什么是正确的道理，明白了什么是科学的途径，明白了未来的发展，明白了自己的使命，那么改变就轻而易举，腾飞也指日可待。从中可见，教育的目的不在于使几个学生获取知识，而在于通过教育学生影响与学生有关的人，在于通过一代教育影响几代人。“十年树木，百年树人”讲的就是这个道理。一言以蔽之，“斯道觉民”就是教育的宗旨，也是教育的使命。紧扣“觉民”这个平衡点，我做出了令自己满意，也令绝大多数人满意的决策，打造了“觉民教育”这一在全市独树一帜的区域教育文化品牌。

“觉民教育”活动的实施方案，于2015年的3月出台并下发至各学校。各校根据学校的实际情况分别制订了适合本校的活动方案，也为方案中提出的赛课做了准备。4月，教研室确定了“觉民教育”第一期赛课活动——校长赛课，给各学校下发了通知。由此，“觉民课堂”正式启动，一系列课堂竞赛活动相继开展，校长先打头炮，接着是学校中层干部，然后是教师，分三期进行。“觉民课堂”是“觉民教育”的重要内容，也是“觉民精神”的践行阵地，它要求凸现“觉民”这一教育宗旨和使命，回归教育的本原。从已经结束的“觉民课堂”校长赛课来看，其效果还挺好：24位校长欣然参赛，展现了自己的教学风采，充分阐释了“觉民教育”这一主题，精彩演绎了“觉民教育”的先进理念。通过“觉民课堂”

等有关活动，我开创了教育文化建设与课堂教学改革相互促进、相得益彰的新局面。

“觉民教育”活动的顺利开展，取得了预期效果，这说明了我的决策的独到之处，也说明了打造“觉民教育”文化品牌这项决策并非无聊之作。尽管“觉民教育”在理念推广、实践操作等层面还存在一些“短板”，显得不是非常完美，但是作为教育管理者努力倡导的一种新的教育模式、教育理念和教育文化，它已经算是走在时代的前列了，实在难能可贵。其实，在注重决策的平衡性之外，我还注重决策的比例性，并能够运用比例性技巧化解决策中利与弊之争的困惑，取得决策的成功。那么，该怎样运用比例性技巧呢？

技巧三　比例性

在决策之前，管理者不可避免地要对决策进行思考，看这项决策是否值得做。什么是不值得的决策？就是那种根本不会产生有利影响的决策。有些管理者根本就看不到哪些决策值得做，哪些决策不值得做，所以他们不是错失良机，就是在瞎折腾。这样的管理者必定平平庸庸，无所作为，甚至酿成苦果，贻笑大方。

面对决策是否值得做的两难抉择，我往往采用比例性技巧，从而使问题化难为易，变得明朗。古希腊数学家毕达哥拉斯说：“一切思想都可以用数来表达。”这确实是一句至理名言。一条1米长的线段，有5个重要的点，它们分别是0，1，0.5，0.618，0.382。这5个点分别表达不同的世界观和方法论。“0”和“1”位于线段的两个端点，体现的是“极端思想”，表示思想激进、办事极端、非白即黑、非死即活。“0.5”位于线段的正中间，体现的是“半半思想”，表示思想保守、胆怯懦弱、前怕狼后怕虎、左顾右盼、左右摇摆、没有主见、黑白不分、好坏不辨、不思进取、没有原则、绝对平均主义。“0.618”和“0.382”是两个“黄金分割点”，体现的是“适中思想”。“适中思想”表达了两层含义：其一，价值取向明确。0.382偏向“0”一端，0.618偏向“1”一端，表示敢于亮出自己的观点、勇于担当、爱憎分明、决策果断、不模棱两可、不争论不休。其二，分寸把握恰当。0.382和0.618这两个点既不是中点，又不远离中点，表示办事把握分寸、不偏激、不极端、不离谱、一切都在掌控之中、留有余地、进退自如。

“极端思想”“半半思想”和“适中思想”这些哲学思想，反映在决策学上就是一种比例性技巧。其中，对管理者最有参考价值的是“适中思想”，即“黄金分割思想”。黄金分割在美术设计、造型艺术中具有美学价值，能够给人以美感。如五角星和正五边形，五角星是非常美丽的，我们的国旗上就有五颗，还有不少国家的国旗上也用到五角星，这是为什么？因为在五角星中可以找到的所有线段之间的长度关系都是符合黄金分割比例的。正五边形对角线连满后出现的所有三角形，都是黄金分割三角形。黄金分割的作用不仅仅体现在诸如绘画、雕塑、音乐、建筑等艺术领域，而且也体现在管理决策上，值得管理者重视。黄金分割告诉人们，作为管理者，应当注意以下三点。

第一，任何时候都要光明磊落、旗帜鲜明、决策果断、敢于负责、不左右摇摆、不优柔寡断。

第二，任何时候都要保持清醒的头脑，说话留有分寸，办事留有余地，具体情况具体分析，不搞突击、不走极端，遵循自然规律，防止大起大落。

第三，统筹兼顾，争取双赢，一方面要让有利的一面达到期望的阈值，另一方面又要把不利的一面控制在一定的范围内。

管理者应善于把握决策的比例性，尤其是懂得运用黄金分割比例，权衡利弊，这样才能做出最适当的决策。然而，这对于管理者来说难乎其难。有些管理者能够成为高明的决策者，奥秘也正在于此。我之所以能做出合理的取舍，是因为懂得运用比例性技巧，能根据黄金分割比例对重要的决策事项进行思考和判断。

决策箴言：管理者应当善于把握决策的比例性，尤其是懂得运用黄金分割比例，权衡利弊，这样才能做出最适当的决策。

在打造区域教育文化品牌上，选择“觉民教育”作为主要载体，是不是最优化、最合适的呢？究竟值不值得？带着这样的问题，我多次对湛江经济技术开发区各地的历史文化进行调研，发现东山镇的书院文化在全区最有代表性，因为它承载了“觉民”这一意义非凡的教育责任和使命，与现代素质教育的宗旨具有一致性，符合当前教育发展的趋势。为了确保自己决策判断的合理性，我跟区域文化研究专家李子江教授进行了科学论证；而李教授对“觉民教育”这一构想十分赞赏，认为我打造这样的区域教育文化品牌是最适合湛江经济技术开发区现状的，将产生深远的影响力。那么，大力倡导由书院文化衍生的“觉民教育”文化，会不会给湛江经济技术开发区其他乡镇或街道办的文化建设造成不利影响，甚至导致人们文化认同上的混乱呢？这是一个必须厘清头绪的问题。对于这个问题，我的应对方法是整合文化资源，即把全区具有代表性的书院文化、红色文化和灯塔文化整合起来，构成内涵丰富、多元共生的“觉民教育”文化。然后，我赋予了“觉民教育”特殊的核心精神。这样，我就妥善化解了文化观念冲突的潜在风险，争取到了各方的有力支持，在很短的时间内顺利推出了“觉民教育”模式，打响了“觉民教育”文化品牌。

在这个决策的过程中，我只是很好地把握了比例性，深入实地调研，掌握科学信息，积极与专家论证，综合权衡利弊，既不极端冒进，又不优柔寡断，当明确目标后就果断出手，所以才能决策成功。在文化资源整合上，我抓住了全区三大富有代表性的书院文化、红色文化和灯塔文化，赋予了其精神，突出了其特色，树立了品牌。如此看来，令人备感和谐的“觉民教育”文化，或许正是黄金分割比例的巧妙运用。

打造“觉民教育”这一区域教育文化品牌，有无重要的价值和意义？时间是最好的答案。这一重大决策实施后，推动了湛江经济技术开发区的文化强区建设，促进了湛江经济技术开发区各个学校特色文化校园的创建，也促使湛江经济技术开发区教育质量和水平有了质的提升，不仅得到了湛江经济技术开发区各校广大师生的支持和配合，而且受到了社会各界的广泛好评。“觉民教育”决策所获得的良好效益，证明了其合理性、有效性，也证明了比例性技巧的正确性、科学性。在管理工作中，管理者总会遇到这样或那样的难题，只有找到不同的方法去应对，才能渡过难关，创造业绩。也就是说，管理者要对不同问题进行差异性分析，然后做出相应的决策。那么，具体应该如何进行差异性分析呢？

技巧四 差异性

西班牙著名作家塞万提斯说：“聪明人是不会把所有的鸡蛋都放在同一个篮子里的。”道理其实很简单：一旦篮子摔了或者篮子坏了，那么所有的鸡蛋就可能全碎了。相反，如果把鸡蛋分散放在不同的篮子里，即使有一只篮子摔了，其他篮子里的鸡蛋仍然会完好无损。然而，“把所有的鸡蛋放在同一个篮子里”的管理思想，一度在业界非常流行。很多企业为实现单一化经营，把一切人力、物力、财力等资源全部用到了一个项目的生产和开发上，以便在某一领域取得突出的成就。企业这样做是很危险的，一旦该项目发展不下去，企业的运转就将陷入停滞状态。

事实上，把所有的鸡蛋都放在同一个篮子里是一种孤注一掷的冒险行为。有一个小偷，偷盗无数，警察抓获这个小偷以后曾经很好奇地提出了一个问题：“一般人应如何避免因为遭遇扒手而给自己带来重大的损失？”小偷回答说：“不要把身上所有的钱放在同一个口袋里。”任何人做事情都希望获取最大的利益，但是有一点不要忘记：风险和利益并存，利益越高，风险越大，孤注一掷的做事方法很难获得成功。《战国策》中孟尝君的门客曾经这样告诫孟尝君说：“狡兔有三窟，仅得免其死耳，君今有一窟，未得高枕而卧也，请为君复凿二窟。”古人为了避免失败还要做多种准备，今人办事岂能孤注一掷？要想把事情办好，那就要把握一个原则：不要把所有的鸡蛋都放在同一个篮子里。

在决策中，很多潜在问题都没有前车之鉴，未来发生的事情谁也无法把握，因此决策存在失误在所难免。俗话说："居安常思危，未雨多绸缪。"倘若事先采取了规避风险的措施，就不会酿成悲剧。避免失败的有效举措之一，就是"不要把所有的鸡蛋都放在同一个篮子里"。这句话给我们的启示，就是要采取差异性技巧。在实际工作中，不要对所有问题都用同一种方法去解决，不要对所有目标都用同一种途径去实现。如果不懂得差异性的话，败局注定无可避免。具体问题具体分析，管理者务必要关注决策问题或目标的差异性，懂得运用差异性技巧去应对。

决策箴言：在实际工作中，不要对所有问题都用同一种方法去解决，不要对所有目标都用同一种途径去实现。

我做出打造"觉民教育"文化品牌的重要决策，取得了显著成效，其中一点就是推动了湛江经济技术开发区各学校的特色文化校园创建。围绕"觉民教育"这一核心主题，湛江经济技术开发区各学校纷纷积极创建特色文化校园，其中 17 所学校在 2015 年上半年率先通过了市特色文化校园创建的验收。我在特色文化校园创建的审批环节上严格把关，要求各学校深入挖掘自身的文化资源，突出自身的特色，在微观上体现差异性，防止盲目追求"高、大、上"的创建目标，避免雷同化。由于我在决策上注意了差异性，因而各学校的特色文化校园创建既融入了"觉民教育"的主题元素，又彰显了自身的文化优势和特色，达到了两全其美的效果。"觉民教育"文化品牌的重要决策以点带面，点面结合，示范带动，整体推进，从而在区域教育文化建设上一炮打响，收获了丰硕成果，赢得了良好口碑。

我在区域教育文化建设上初战告捷，很让一些人吃惊。然而，让他们更吃惊的是，2015 年 6 月，我又提出了一个"生态文明教育"模式，并开始着手建设“生态文明教育”文化，以此作为区域教育文化建设的重要补充。湛江经济技术开发区教育局向全区各中小学校下发《关于开展“生态文明教育”活动的通知》，要求各校尽快制订开展“生态文明教育”活动的实施方案。这一实施方案旨在通过生态文明教育活动强调生态教育观，在践行教育过程中有机地融入生态教育理念，以“党民课堂”“第二课堂”“制度文化”和“班级文化”建设为载体，在教学中渗透生态知识，提高全校学生的思想道德素质，全面实施素质教育，培育积极向上、生动活泼而富有生命力的校园人文、自然环境，营造学校健康、和谐的生态文明氛围。

大家可能不解，为什么又要搞一个“生态文明教育”呢？因为我从近年的政府工作报告中发现了关于生态文明建设的重要信息。党的十八大后，生态文明建设已经成为我国一个十分重要的战略目标。以往，各地的经济发展一味追求 GDP 而忽视对生态环境的保护和建设，导致了生态环境的日益恶化，严重威胁到了人们的身体健康和生命质量。唯 GDP 论英雄的时代已逐渐远去，当今时代讲究的是经济转型升级、创新驱动发展、生态文明和谐等。也就是说，当今时代既要“经济崛起”，又要“蓝天碧水”。所以，在这种时代背景下，我产生了开展“生态文明教育”的想法，而这种想法又引起了李子江教授的关注。

2015 年 7 月，李子江教授莅临湛江经济技术开发区调研生态环境的建设和保护情况，探索“生态文明教育”的区域优势。在硇洲镇，李教授和我带领多位教师进行了实地调查和考察，共用了 10 天时间。其中，李教授对硇洲镇原生态的自然环境赞不绝口。硇洲镇位于一座美丽的海岛上，在全市有“海上明珠”之美誉。岛上枝叶繁茂，处处绿意盎然，天蓝水碧，生态和谐。李教授认为，既然这座小岛的生态保护得这么好，不妨积极推动岛上学校在“生态文明教育”上下功夫。李教授的建议让我深有同感。我决定把硇洲镇建成“红树林保护实践基地”，推动岛上的几所学校大力开展“生态文明教育”，力争在“生态文明教育”文化建设上出成绩。我还积极推动湛江经济技术开发区第一中学和湛江经济技术开发区第一小学加强生态文明的宣传教育工作，努力打造“生态文明教育”基地。另外，湛江经济技术开发区分别在湖光岩、森林公园、渔港公园、绿塘河湿地公园等建立生态文明教育实践基地，以求推动多所学校开展富有意义的“生态文明教育”。值得一提的是，湛江经济技术开发区各中小学校在“同城同创”中把生态文明教育当成了一项重要工作来抓，使之成了全市教育的一个亮点。

2015 年 8 月 23 日，《湛江日报》发表了我写的一篇文章《生态文明建设与基础教育的时代使命》。这篇文章 6000 多字，从生态文明理念产生的背景、生态文明的内涵界定及教育意义、生态启蒙与生态理性的形成、生态教育观的核心及倡导、基础教育所承接的时代重任等方面，深入地阐述了我对生态文明教育的看法，既有理论深度，又有实践厚度。

开展“生态文明教育”，推动生态文明建设，顺应社会对教育发展的期望，又一次彰显了先进理念的重要性。“生态文明教育”与“觉民教育”的宗旨是一脉相承的，但是在决策路径上有所不同。“生态文明教育”主要是通过打造三大“生态文明教育”基地，以生态文明建设和保护为抓手，为全区各学校树立典范，引领他们共同加快发展；而“觉民教育”以东海书院为主要基地，以“觉民”为主题，以书院文化、红色文化和灯塔文化相融合为抓手，使全区各学校明确方向，协同发展。因为我运用了差异性技巧，所以“觉民教育”和“生态文明教育”的提出不仅让人备感新颖，又不会让人感觉雷同。

“觉民教育”和“生态文明教育”如同区域教育文化建设中的“双子星”，在湛江经济技术开发区熠熠闪光。这算得上是我创造性思维和求异性思维的结晶。当然，俗话说得好，“智者千虑，必有一失”。在决策过程中，每个人都难免会遇到一些误区，以致工作陷入被动的境地。那么，我在决策中是如何应对所遇到的误区的呢？

第七章

不可不知的决策误区

在决策过程中，每个人都会遇到一些误区。面对这些误区时，决策者如果不能提前了解和有效应对，就有可能掉入决策陷阱，造成难以估量的损失。作为管理者，应该怎样去了解和应对才能将损失降至最低？应对决策误区的诀窍又是什么呢？

决策是一项复杂烦冗的心智活动，存在着诸多不确定因素，因而人们在决策过程中更容易出现失误。即使再高明的管理者也难免会遇到决策的误区，陷入被动局面，这是很正常的现象。在一些决策误区面前，我凭借思维和策略，做出了科学的应对，迅速扭转了被动局面，取得了宝贵的经验。

自2010年春季担任湛江经济技术开发区教育局长后，我就开始深入思考一个问题：如何建立竞争机制，激发广大教师的活力？解决这个问题，究竟有什么现实意义呢？在我看来，缺乏竞争机制的湛江经济技术开发区教育系统如同一潭死水，没有蓬勃的生机，精神萎靡不振，作风懒散。如此状况显然极其不利于高素质干部队伍的有效建设，不利于各项重要工作任务的贯彻落实，不利于湛江经济技术开发区教育的良性发展。

其实问题的要害不仅仅出在经济技术开发区教育系统，而且与社会大环境所存在的人事体制弊病有关。按照以往的社会“潜规则”，有三类人能够在岗位“竞争”中胜出：一是有“关系”的人；二是有“金钱”的人；三是有才干的人。其中，有关系的人和有金钱的人往往占有较大的竞争优势，时不时排挤着有才干的人。所以，经常有人喟叹：在这个社会没钱没权没势，官难当，事难办，路难行。任凭这样的“潜规则”在社会上横行，是对栋梁之材的无形扼杀，是对社会公平的莫大损害。实际上，在一个单位里，很多工作要做好，靠的是有才干的人。只有重用人才，才能获得高收益。因此，我决心在自己的职责范围之内打破这种“潜规则”，打算在湛江经济技术开发区教育系统建立一套科学严密、操作性强的竞争机制，革除人事体制弊病，促使干部能上能下、人尽其才，激发干部队伍的活力。

我建立竞争激励机制的重要载体之一就是推行“竞争上岗”制度。所谓“竞争上岗”，就是多人竞争一个工作岗位，以实力和成绩说话。只要符合竞聘条件，都可以报名参与竞选，都可能得到提拔任用。竞争上岗的特点是公正、公平、公开，体现为人人都可以竞聘，选拔标准、程序公开。通过竞争上岗，变“封闭式选人”为“公开、平等、竞争、择优”选人；通过竞争上岗，变“要我干”为“我要干”；通过竞争上岗，变过去“少数人在少数人中选人”为“多数人在多数人中选人”，拓宽了选人用人民主化的新路子。竞争上岗益处多多：一是打破了论资排辈的束缚，参与者只要符合任职条件，均可参与竞争；二是打破了过去选用干部神秘化的做法，开始让广大职工充分参与到干部选拔任用工作中去；三是对竞岗职位、条件、程序、成绩、拟任人选、监督渠道等全部实行全过程公开制和全方位公示制，扩大了干部选拔任用的民主化。我要推行的“竞争上岗”制度，在湛江经济技术开发区有关重点学校率先试行，目标是筛选出一批有才能、有觉悟、有干劲的学校中层干部，组建一支优秀的教育团队。

那么，“竞争”有什么作用？竞争能激发人的创造精神，竞争是创新的基本特征，敢于打破原有的循规蹈矩、因循守旧。竞争才能让人有急迫感、压力感，才能充分发挥人的主观能动性。竞争能让社会充满活力，使个人潜能得到最大限度发挥，促使社会与个人取得进步与发展。社会在全面竞争中发展，幸福与利益在有序竞争中产生。没有竞争的社会虽然有些时候看起来很美，但形式不等于内容，它一定是一个不具创新意识、缺乏创造力、没有革新精神的社会，一个思想沉闷、墨守成规、缺乏朝气与活力的社会，一个让多数人充满畏惧、胆小怕事的社会。这样的社会当然谈不上什么先进文明、兴旺发达了。一句话，竞争是社会发展的必然趋势。然而，竞争往往意味着优胜劣汰，会使得那些坐享其成的既得利益者美梦破灭，会使得那些才疏学浅、平庸无为的人失去机会。“竞争上岗”的实施，将会出现“能者上，庸者下”这样的结果，而那些既得利益者会服从安排、善罢甘休吗？在这里面，我遇到了不曾预料到的阻力。

在湛江经济技术开发区教育局的组织和指导下，2011 年 6 月，湛江经济技术开发区有关学校陆续颁布《学校中层干部竞争上岗实施方案》，这标志着学校人事体制改革进入了实质性阶段。方案一颁布，立即在这些学校里炸开了锅。教师们和学校领导反应各异，大力支持者有之，强烈反对者有之。其中，湛江经济技术开发区东简小学两位学校中层干部的反应最大，带头公开反对和抵制竞争上岗方案的实施。那么，他们为什么要带头公开反对和抵制竞争上岗的实施呢？原来，他们认为，竞争上岗是一种“推倒重来”的做法，直接损害了他们的切身利益。

那么湛江经济技术开发区东简小学关于竞争上岗的操作情况究竟是怎样的呢？按照湛江经济技术开发区东简小学原订的《学校中层干部竞争上岗实施方案》，此次竞争上岗的有教导处主任、教导处副主任、德育处主任、德育处副主任、总务处主任、总务处副主任和少先队辅导员，共计7个职位。竞争上岗的范围是面向全校56名教师，主要通过演讲答辩、民意测评、组织考察三大环节对教师进行综合考核，择优确定具体职位的拟任人选。那么，东简小学原先竞争上岗的学校中层干部何去何从？显然，他们的领导职务首先自动“解聘”了，然后和广大教师站在了同一起跑线上，继而投入到了激烈的竞争中。对于有的中层干部来说，到头来能不能再当上学校的领导是一个未知数，他们没有必胜的把握。所以，有的中层干部对竞争上岗的态度非常消极，他俩就是其中的典型代表。这两人都是学校的部门主管，是既得利益者，自认为损失最大。他们要求湛江经济技术开发区教育局先把他们“免职”，再让他们参与竞争上岗。

对于他们所提出的“先免职，后竞聘”的要求，我是怎么看的？这里又要谈谈湛江经济技术开发区东简小学的发展背景。湛江经济技术开发区东简小学是东简镇的中心小学，是一所有着悠久办学历史、扎实办学基础的区一级学校。在湛江经济技术开发区和湛江市东海岛经济开发试验区整合为湛江经济技术开发区之前，该校名为湛江市东海岛经济开发试验区东简镇中心小学，两区整合后更名为湛江经济技术开发区东简小学。另外，由于自2007年起诸多重点项目进驻东简镇，当地一些学校需要搬迁，布局调整势在必行。在这种形势下，该校2010年并了4间“麻雀”学校，有一批新教师调入，也有一批学生分流出来。该校在两区整合后迎来了新的发展良机，办学条件得到进一步改善，学校发展呈现良好的势头。按照两区整合后的人事调整政策，学校经过布局调整或更名升级，正处于一个新的起点上。两区整合前，区党委、管委会专门下发了关于干部人事方面的文件，并规定两区整合前干部的职务自然中止，各部门通过新的人事制度改革进行重新任命。基于此，学校领导岗位应当自动“解聘”，重新进行竞聘。这样，只有深化人事体制改革，才能适应教育形势的发展需要。正是基于这样的背景和形势，我认为个别学校领导提出的“先免职，后竞聘”的要求是没有道理的，各学校领导应该顺应湛江经济技术开发区的发展形势，支持和配合学校人事体制改革的开展。

推行“竞争上岗”的目的很明显，就是建立和完善教师的成才机制，包括培养、激励、管理、选拔、评价等，通过建立竞争机制，营造“能者上，庸者下”的良好环境，激发广大教师的活力，助推学校的办学水平提升。我这么做完全是出自一片公心，没有半点私心。但是，力度如此大的改革“动作”，显然触犯了有些人的既得利益。他们以各种借口宣称不参加这样的竞争上岗，意欲以“实际行动”坚决抵制竞争上岗，并且声言要向上面反映有关情况，也就是“告状”。在他们的怂恿下，该校不少教师放弃了竞争上岗的机会。最后，该校仅有 5 人报名参加竞争上岗。出现这样的突发状况，是我和局班子成员所不曾想到的。原本要选聘 7 位学校中层干部，现在却只有 5 人报名，这么说不用竞争就可以直接“上岗”了。按照竞争方案，起码得有 21 人参与该校本次竞争上岗才行。

难道好不容易推出的“竞争上岗”要因为几个人的反对而放弃吗？阻力当前，是进，还是退？这对我而言不得不说是一个严峻的考验。如果为了息事宁人而半途而废，保持所谓的“和谐稳定”，那么整个决策就会被人当作是一个闹剧，管理者也就背上了“瞎折腾”的黑锅；如果是继续强力推进“竞争上岗”，把深化人事体制改革、打造优秀教育团队进行到底，那么我该如何应对决策执行过程中遇到的意外障碍？眼看局面就要闹得不可收拾，我选择了稳住阵脚，迅速组织局班子成员研讨对策，果断做出了一个决定：把竞争上岗的范围扩大至全镇，让全镇各所小学符合条件的教师都来参加此次竞争上岗活动。也就是说，东简小学这一全镇中心小学的竞争上岗活动不再局限于本校范围之内，而是向全镇教师敞开了公平竞争的大门。就这样，我有效化解了一些人制造的阻力，使东简小学的竞争上岗活动得以顺利举行。

从以上应对实际难题的过程中，我们可以得出一点启示：不找借口，找方法。“只为成功找方法，不为失败找借口!”这是一流管理者关于一流管理的宣言：有昂扬的斗志，有不屈的信念，有执着的精神。是的，找理由为自己的失败辩解只会增加失败的机会，只有去找方法才会有机会成功。

有一位企业老总的亲身经历可以称得上“不找借口，找方法”的最好注解。

10多年前，他在一家建筑材料公司当业务员。当时公司面临的最大问题是如何讨账。产品不错，销路也不错，但产品销出去后，总是无法及时收到货款。有一位客户买了公司10万元产品，但总是以各种理由迟迟不肯付款。公司先后派了三批人去讨账，都没能拿到货款。当时他刚到公司上班不久，就和另外一位姓张的员工一起被派去讨账。两人软磨硬泡，想尽了办法。最后客户终于同意给钱，叫他们过两天来拿。两天后两人赶过去，对方给了一张10万元的现金支票。两人高高兴兴地拿着支票到银行取钱，结果却被告知，账上只有99900元。很明显，对方又耍了个花招，给的是一张无法兑现的支票。第二天就要放春节假了，如果不能及时拿到钱，不知又要被拖延多久。遇到这种情况，一般人可能一筹莫展了。但是他突然灵机一动，拿出100元钱让同去的小张存到了客户公司的账户里。这样一来，对方账户里就有了10万元。他立即将支票兑了现。当他带着这10万元回到公司时，董事长对他大加赞赏。之后，他在公司不断发展，5年之后当上了公司的副总经理，后来又当上了总经理。

主动找方法的人永远是职场的明星。他们在单位里创造着可观的效益，是今日单位里最器重的员工，是明日单位的领导。“没有问题”才是最大的问题，问题其实真的并不可怕，重要的是面对问题的态度。一流的人找方法，末流的人找借口。一件事你不做，你就不会知道能不能做。一个人只要以积极的态度对待每一件事，在遇到困难时不退缩，努力寻找解决方法，那么就能把事情做好，干出不平凡的业绩。勇于直面困难，善于寻找方法，才能避免陷入决策的误区，最终扫除“竞争上岗”的阻力。

决策箴言：一流的人找方法，末流的人找借口。

其实，为了摸清他俩在教育管理方面的真实才能，我还是下了一番考察功夫的。因为有过多年的组织部门工作经历，所以我对干部的考察还是比较拿手的。其中一位自诩教学水平高，称自己曾获过区级赛课二等奖，完全能够胜任教导处主任一职，让他现在参与竞聘简直就是对他的轻视。我在了解到这位原中层干部恰好是湛江经济技术开发区教育局一名中层干部的同学后，便找了个时间，与他一道去考察，并进行思想沟通。我提出要该中层干部阐述一下自己在教育管理中的经验做法，谈谈怎样当好学校中层干部的思路。然而，听完他前后用时 1 个小时的阐述，我还是没弄懂他的想法和做法。尽管他声称自己的“水平高”，但是从谈话中我发现，他的思路并不清晰，阐述自己的观点不突出，表达也有欠缺。事实证明，他并不具备如他所称那样高的教育管理水平。

2011 年 7 月 19 日上午，湛江经济技术开发区东简小学举行中层干部竞争上岗活动。湛江经济技术开发区教育局副局长梁德英亲临现场监督，来自全镇各所小学的 16 位分校区校长、学科带头人及骨干教师参加了此次竞争上岗活动。这 16 位选手都符合竞争上岗的条件，都顺利通过了资格审查。他们按照抽签次序，上台演讲，阐述在自己所竞聘职位上的工作理念、思路和做法，然后进行答辩。整个演讲答辩环节阳光透明，由评委们当场评分。当然，演讲答辩只是竞争上岗的第一个环节，接下来还有民意测评和组织考察两个主要环节。湛江经济技术开发区教育局组织人员对这 16 位选手进行综合考核，实行量化测评打分，最后根据综合分数高低择优确定了相应职位的人选。

湛江经济技术开发区东简小学中层干部竞争上岗活动的成功举行，为其他学校树立了良好的榜样，积累了丰富的经验。在整个竞争上岗过程中，湛江经济技术开发区教育局严格按照《干部任用条例》，坚持公开、公平、竞争、择优的原则，建立了一套科学的、系统的干部考核评价体系，程序规范，结果公正，成了学校人事体制改革的破冰之举，充分发挥了竞争机制的积极作用，产生了良好的社会效应。

只有建立竞争激励机制，才能促进人事体制改革的深化，激发干部队伍的活力。推行“竞争上岗”，正是最重要的一项内容。可是，“竞争上岗”牵涉到了一些人的既得利益，遭到了他们的公开反对和抵制，这给我造成了不小的压力。此时此境，是放弃，还是坚持，是一个决策难题。倘若我应对不力，处置不当，那么我就会陷入决策误区，受制于人，处处被动。幸而，在困难处境中我还是找到了有效的解决方法，于是将其化险为夷。那么，在决策中容易遇到怎样的误区呢？又该如何有效应对这些误区呢？

误区一　从众效应

“竞争上岗”做法，可谓开创了湛江经济技术开发区教育系统人事聘任的先河。在当时很多人看来，这样的重要决策敏感性强，操作难度大，影响力不小，要推行下去简直是不可思议。人们为什么会对我的做法感到诧异呢？这与从众效应有关。我的决策的做出正是因为没有受从众效应的误导。

从众效应作为一个心理学概念，是指个体在真实的或臆想的群体压力下，在认知上或行动上以多数人的行为为准则，进而在行为上努力与之趋向一致的现象。当个体受到群体的影响时，会怀疑并改变自己的观点、判断和行为，朝着与群体大多数人一致的方向变化。从众既包括思想上的从众，又包括行为上的从众。从众是一种比较普遍的社会心理和行为现象，通俗地解释就是“人云亦云”“随大流”，即大家都这么认为，我也就这么认为；大家都这么做，我也就跟着这么做。

我们生活中的从众效应可谓比比皆是。美国人詹姆斯·瑟伯曾用一段十分传神的文字来描述从众效应。

突然，一个人跑了起来。也许是他猛然想起了与情人的约会，现在已经超过约定的时间很久了。不管他想些什么吧，反正他在大街上跑了起来，向东跑去。另一个人也跑了起来，这可能是个兴致勃勃的报童。第三个人，一个有急事的胖胖的绅士，也小跑起来……十分钟之内，这条大街上所有的人都跑了起来。嘈杂的声音逐渐清晰了，可以听清“大堤”这个词。“决堤了！”这充满恐怖的声音可能是电车上一位老妇人喊的，或许是一个交通警察喊的，也可能是一个男孩说的。没有人知道到底是谁喊的，也没有人知道真正发生了什么事。但是两千多人都突然奔逃起来。“向东！”人群喊叫了起来，“东边远离大河，东边安全。”“向东去！向东去！”

看来，从众效应对人们的影响确实很大。造成人们产生从众心理的原因主要有三个方面：一是认为多数人认为对的一定是对的；二是怕不跟随会吃亏；三是懒得思考，以为随大流最安全。具体表现为个体盲目服从权威，被迫屈从于多数人的看法，人云亦云，随波逐流。由于屈从于大家的压力，丧失主见，人们从而养成了亦步亦趋、顺从众意的思维习惯，以至于发展到只会模仿、追随、抄袭、请示的程度，似乎只有这样才会感到安全。在生活中每个人都有不同程度的从众倾向，总是倾向和跟随大多数人的想法或态度，以证明自己并不孤立。怎样避免陷入从众效应的决策误区，这对于每一个管理者而言都是一道难题。

现在，我们回过头来看在“竞争上岗”的决策上我是如何克服从众效应的。按照人们所认为的社会“潜规则”，有钱有势的人门路宽，官好当，事好办；而没钱没势的人门路窄，官难当，事难办。在不少行业领域，由于缺乏良性的竞争激励机制，存在着用人不规范的现象，有才能的人要脱颖而出很不容易。这显然是有失于社会公平的。不可否认，在湛江经济技术开发区教育系统，以往也存在着这种不良现象。如今，我着重提出的“竞争上岗”做法，宗旨就是打破社会“潜规则”，为有才能的人脱颖而出创造机会，搭建舞台，提供广阔的发展空间，还社会以公平，激发队伍的活力，促进教育的发展。显然，在这里，我并没有随大流，遵从社会“潜规则”，为从众效应所迷惑。

一味盲目地从众，会扼杀一个人的积极性和创造力。能否减少盲从行为，运用自己的理性判断是非并坚持自己的判断，是决策能否成功的分水岭。我有自己的原则，有自己的理性，有自己的思想，也有自己考察干部的独到眼光和价值标准，所以不会盲目从众、随波逐流。曾经有一位名教师，教学成绩显著，曾获得省级赛课一等奖，在学校担任着教导处主任的职务。后来，湛江经济技术开发区有一所学校举行校长竞聘活动，该教师也参加了。很多人认为该教师的课上得生动，课堂教学艺术精湛，深受我的赏识，在竞聘中胜出应该不成问题。可是，在竞聘的“演讲答辩”环节中，该教师“哑了火”，原本20分钟的脱稿演讲时间，他仅说了10分钟就已无话可说。对此，我认为该教师是因为知识面不广才讲不下去的。要当校长连讲话这关都过不去，怎么能行？最后，尽管该教师贵为名师，备受看重，但由于综合能力比其他人稍逊一筹，还是未能竞聘成功。

决策箴言：能否减少盲从行为，运用自己的理性判断是非并坚持自己的判断，是决策能否成功的分水岭。

小泽征尔有一次去欧洲参加指挥家大赛，在进行前三名决赛时，评委交给了他一张乐谱。演奏中，小泽征尔突然发现乐曲中出现了不和谐的地方，他以为是演奏家演奏错了，就指挥乐队停下来重新演奏了一次，结果仍觉得不自然。这时，在场的权威人士都郑重声明乐谱没有问题，声称那是他的错觉。面对几百名国际音乐权威人士，小泽征尔不免对自己的判断产生了动摇。但是，考虑再三，小泽征尔坚信自己的判断没错，于是他大声说道：“不，一定是乐谱错了！”他刚说完，评委们立即向他报以热烈的掌声，祝贺他大赛夺魁。原来，这是评委们精心设计的“圈套”，以试探指挥家们在发现错误而权威人士又不承认的情况下是否能坚信自己的判断。

一个人只有冷静、理性、不盲从、不武断，才能做出准确的决策判断。

当然，对从众效应要辩证地看待。就从众效应的客观影响来看，既有积极意义，也有消极意义，关键要看从众行为的具体内容。如看到别人献血，你也跟着去献血，这是积极的；如看到别人在公园摘花，你也跟着摘花，这是消极的。消极的一面会抑制人的个性发展，束缚个人思维，扼杀个人创造力，使人变得无主见和墨守成规；积极的一面有助于个人学习他人的智慧经验，有助于个人扩大视野，克服固执己见、盲目自信的心理，修正自己的思维方式，减少不必要的烦恼等。在生活中，我们要发扬从众的积极面，回避从众的消极面，努力培养和提高自己独立思考和明辨是非的能力；遇事和看待问题，既要慎重考虑多数人的意见和做法，也要有自己的思考和分析，从而做出正确的判断，并以此来决定自己的行动。凡事都“从众”，或都“反从众”，都是要不得的。

木秀于林，风必摧之。压力是选择从众的一个重要因素。任何一个人冒犯了众人，都有可能被抛弃。为了免遭抛弃，人们就不会去“冒天下之大不韪”，而只会采取随大流的做法。可见，不被从众效应误导是一件极难的事。然而，作为管理者，有原则，有理性，有思想，会不会因此在决策上陷入权威效应的误区呢？我又该如何避免权威效应的误导呢？

误区二　权威效应

在人们的传统观念里，单位里的“一把手”就是一个凡事自己说了算的人，这样才能凸显作为主要领导的权威性。

事实上，我虽有权威，但从不以权威压人，不会凭着个人主观喜好来随意决策。在人事任免决策上，我一贯以来都是参照《干部任用条例》，并充分听取其他领导成员的合理意见，按照既定的合法程序来进行的。发言时，我总是首先让人事科提出相关议题，接着让副职领导逐一发表意见，等到他们全部讲完后，我再讲话并组织研讨，最后做出定调。对于特别重要的决策，我会用投票方式进行决定。一言以蔽之，我一直试图努力做到决策的民主化、科学化，尽量避免陷入一个人说了算的误区。在湛江经济技术开发区东简小学“竞争上岗”遇到因个别人反对和抵制而陷入困境后，我决定将竞聘对象扩大至全镇范围，让全镇符合条件的教师都来参与竞争上岗，最终为东简小学选聘出了理想的中层干部。我这个决策的应变之法，正是在班子成员共同研讨后运用的，获得了显著的效果。

管理者由于身份和地位特殊，掌握着权力资源，拥有非同一般的话语权，甚至可以一言九鼎，因而在决策上颇有权威性，下属有时不得不敬畏三分。如果管理者过于凸显权威，在决策之初就“定调子”，表明自己的主观偏好，那么其他决策成员就会察言观色，“唯马首是瞻”，在其“意思”下投票，而不是发表自己的独立见解和真实想法。如此，管理者就会陷入“权威效应”的误区。

那么，何谓“权威效应”？所谓“权威效应”，就是指说话的人有影响力，如地位高、水平高、受人敬重，则所说的话容易引起别人的重视，并容易使人相信其正确性，即“人贵言重”。这是一种普遍存在的社会心理现象。权威效应普遍存在的原因包括两个方面：首先，是人们认为权威人物往往是正确的楷模，服从他们会使自己产生安全感，提高不会出错的“保险系数”；其次，是由于人们的“赞许心理”，即人们总认为权威人物的要求往往和社会规范相一致，按照权威人物的要求去做，会得到各方面的赞许和奖励。

美国心理学家们曾经做过一个实验，充分地证明了权威效应的存在。

在给某大学心理学系的学生讲课时，实验者向学生介绍了一位从外校请来的德语教师，说这位德语教师是从德国来的著名化学家。课上这位“化学家”煞有介事地拿出了一个装有蒸馏水的瓶子，说里面含有他新发现的一种化学物质，有些气味，请在座的学生闻到气味后就举手，结果多数学生都举起了手。蒸馏水本来是没有气味的，只不过由于这位“权威”的“化学家”的语言暗示，多数学生都开始认为它是有气味的。实际上，这位“化学家”只是一名普通教师。

在这个实验中，出于对化学家的权威崇拜，学生根本就没有用鼻子仔细去辨别气体，而化学家的言行切切实实起到了作用。这说明一个道理：人们往往很容易屈从“权威”而放弃对事物真相的思考和认识。

决策箴言：人们往往很容易屈从“权威”而放弃对事物真相的思考和认识。

在现实生活中，利用权威效应的例子有很多，如做广告时请权威人物赞誉某种产品，在辩论说理时引用权威人物的话作为论据，在人际交往中利用权威效应达到引导或改变对方的态度和行为的目的，等等。权威效应是司空见惯的一种心理效应。可以说，在人类社会，只要有权威存在，就会有权威效应。企事业单位以及商场、酒店、学校、娱乐场所大都愿意请名人题写名称；很多书籍也喜欢请名人题名；在有些化妆品、保健品的宣传资料上，常常可以见到名人的照片……这一切无不体现着权威效应。

在权威效应下，人们容易迷失自我，做出倾向于权威的错误判断。在权威者的暗示下，人们很容易接受他们的看法而改变自己原来的看法，这样做就可能造成决策的偏差。在一个团队里，权威者往往根据自己以往的经验来做出决策判断，一旦情况有变，经验也未必适用。作为一个区域教育系统“权威者”的角色，我要克服权威效应对自己团队成员的不良影响，同时要避免其他领域权威人士的错误暗示。譬如，有时候专家的指示未必是正确的，要批判地看待专家的意见，要对自己的判断有信心，以免做出错误的决策，从而造成不必要的损失。

我喜欢跟专家学者打交道，因为我希望从专家学者那里学习到先进的理念，为自己的科学决策提供强有力的理论支撑；我也希望专家学者能够给予我业务方面的科学指导，使我的工作做得更出色。但是，我并没有迷信“权威”，没有全盘采用专家的意见而轻视自己的判断，而是一直坚持独立观察和思考，所以才总能做出理性的决策。

权威之所以是权威，在于权威者在某一方面或某一领域有着强势的影响力和话语权。我有作为领导的“权威”，但是注重民主，在决策时会充分听取团队成员意见，避免一个人说了算的弊端。另一方面，我尊敬和看重富有造诣的专家学者，但会坚持以辩证思维去判断和分析事物，不会在“权威暗示”下迷失自我。在决策中，人们除了容易受到权威效应的影响外，还容易受到定式效应的影响，也就是容易用“老眼光”来看新事物、新问题。那么，应该如何应对定式效应呢？

误区三　定式效应

心理学家指出，人们在一定的环境中工作和生活，久而久之就会形成一种固定的思维模式，使人们习惯于从固定的角度来观察事物、思考问题，以固定的方式来接受事物。这就是定式效应。换言之，就是人们在认知活动中用“老眼光”——已有的知识经验来看待当前的问题的一种心理倾向。定式效应是人们局限于既有的信息或认识的一种心理现象。

在深化人事体制改革的决策中，该如何避免陷入定式效应的误区的呢？

我们知道，湛江经济技术开发区是由湛江经济技术开发区和湛江市东海岛经济开发试验区整合而成的，如今的湛江经济开发区称为建成区，而湛江市东海岛经济开发试验区称为东海新区。建成区有两所公办中学和五所公办小学，都是直属湛江经济技术开发区教育局管辖；而东海新区由东简镇、东山镇、民安镇和硇洲镇四个镇构成，每个镇都有一所中心小学，并设有“管理组”。其人事安排是这样的：每个镇的管理组长兼任中心小学校长，任法人代表，负责全面管理中心小学，并负责掌管本镇所有小学；在每所中心小学设置一名常务副校长，协助中心小学校长管理中心小学日常事务。

在学校里配置常务副校长，是很多地方的做法，在人们的心里，这已经成为一种惯例。然而，湛江经济技术开发区存在特殊情况，出现了比较棘手的问题。其中，以湛江经济技术开发区某所小学最为典型。该小学是某镇的中心小学，该校的校长一直认为常务副校长不太尊重自己，所作所为已经“越权”了，因为常务副校长把学校所有事情都管了，即使有重要事项也不请示或汇报，使用经费也不事先声明，事后才拿报销单来签字。后来，该校长向我反映了这种情况，说常务副校长这么做让他实在太尴尬了。我听后很生气，这样下去成何体统？针对湛江经济技术开发区有些常务副校长“越权”的不良现象，我果断做了一个决策：撤掉“常务副校长”这个头衔，统一改称“副校长”，该分管哪项工作由校长负责安排。

撤掉“常务副校长”头衔这一人事体制改革突破了学校管理的机制障碍，化解了校长与常务副校长之间的尖锐矛盾，促进了学校治理的规范化、科学化。如果我没有摆脱“学校必须设置常务副校长”的定式心理，就难以做出有力的决策，从而难以解决湛江经济技术开发区学校人事体制中出现的弊病。

在生活和工作中，定式效应有时有助于问题的解决，可以使我们在从事某些活动时非常熟练。但是，定式效应有时也会妨碍问题的解决，因为它束缚了人们的思维。比如，人们经常用“老眼光”来看待新事物、新问题，经常用过去的做法来解决当前的问题，而很少寻求其他解决问题的途径，这显然不利于管理者做出客观准确的决策判断。

美国科普作家阿西莫夫曾经讲过一个关于自己的故事。

阿西莫夫从小就很聪明，年轻时多次参加“智商测试”，得分总在160左右，属于“天赋极高者”之列，他一直为此洋洋得意。有一次，阿西莫夫遇到了一位汽车修理工，那是他的老熟人。修理工对阿西莫夫说：“嗨，博士！我来考考你的智力，出一道思考题，看你能不能回答正确。”阿西莫夫点头表示同意。

修理工说道：“有一个既聋又哑的人想买几根钉子，他来到五金商店后，左手两个指头立在柜台上，右手握成拳头做敲击状。售货员见状，先给他拿来一把锤子。聋哑人摇摇头，指了指立着的那两根指头。于是售货员就明白了聋哑人想买的是钉子。聋哑人买好钉子刚走出商店，接着进来一位盲人。这位盲人想买一把剪刀。请问：盲人将会怎样做?”阿西莫夫顺口答道："盲人肯定会这样。"说着阿西莫夫伸出食指和中指，做出了剪刀的形状。修理工一听笑了："哈哈，你答错了吧？盲人想买剪刀只需要开口说'我买剪刀'就行了，他干吗要做手势呀？"

实际上，人并不是因为学的知识太多反而变笨了，而是因为随着人的知识和经验增多，头脑中会形成思维定式，会使人习惯用过去的、常规的模式去思考和解决问题。

有这样一个著名的试验：把六只蜜蜂和六只苍蝇装进一个玻璃瓶中，然后将瓶子平放，让瓶底朝着窗户。结果发生了什么呢？

蜜蜂不停地想在瓶底上找到出口，直到力竭倒毙或饿死；而苍蝇则会在不到两分钟之内穿过另一端的瓶颈逃逸一空。蜜蜂基于出口就在光亮处的固定思维方式，想当然地设定了出口的方位，并且不停地重复着这种合乎逻辑的行动直至死亡。而那些苍蝇则对所谓的逻辑毫不在意，四下乱飞，反倒轻易就飞出了囚室。头脑简单者在困境中顺利得救，偶然当中有一定的必然性。

这个实验有力地说明了定式效应的影响。当面对新事物或新问题的时候，定式效应让人们不假思索地把新事物或新问题纳入特定的思维框架中，并沿着特定的路径对它们进行思考和处理。很多时候，能够把人限制住的，只有人自己。人的思维空间是无限的，像曲别针一样，至少有亿万种可能的变化。也许我们正被困在一个看似走投无路的境地，也许我们正面对两难选择，这时，我们必须明白，这种境遇只是因为我们陷入了定式效应的误区，只有勇于变换思维方式，才能找到跳出困境的办法。

决策箴言：很多时候，能够把人限制住的，只有人自己。

在撤掉"常务副校长"头衔的决策中，我克服了定式效应的误导，为学校管理清除了体制障碍，取得了深化学校人事体制改革又一个突破性成果。当然，我是着眼于湛江经济技术开发区教育系统中的特殊情况而做出这样的决策的，并没有所谓的"标新立异"之意。

深化学校人事体制改革，是一项十分敏感而艰巨的工作任务，也挑战着管理者的决策智慧和勇气。事实证明，撤掉“常务副校长”头衔的决策是成功的。那么，在考察干部进行人事调整时，我会不会第一眼“看错”人呢？也就是说，我是否会受到首因效应的影响？

误区四　首因效应

身为重要行政部门的主要领导，总会遇到一些来套近乎的人。有的人甚至极尽溜须拍马之能事，千方百计巴结讨好领导，以图达到自己不可告人的目的。在第一次接触中领导可能对拍马屁者有良好的印象，可是时间一长，领导就会看到拍马屁者的“原形”，知晓其底细。俗话说得好：“路遥知马力，日久见人心。”经历的事情多了，时间长了，便能识别得出人心的善恶好歹。可以说，领导鉴别一个人真实水准及忠诚度的最好工具，便是时间。

在担任教育局长后不久，我就遇到了一个想方设法来套近乎的人。他给我的第一印象就是头脑特别灵活。我是从一个细节中发现他这个特点的：这个人第一时间查问了我身边人的手机号码。在官场上，很多人想接近领导都是从领导的“身边人”入手的，这似乎成了一个屡试不爽的秘诀。哪些人是领导的“身边人”呢？亲属、秘书、司机等。他的如意算盘，就是跟我的身边人搞好关系，再通过身边人跟我搞好关系。我们知道，作为下属，倘若获得了主要领导的赏识和认可，那么就有晋升的大把机会。

在第一次接触中，我就觉得这个人不简单，才思敏捷，能说会道，胸有城府，公关能力很强。虽然他给我留下的第一印象不错，但是我压根就不喜欢这类溜须拍马的人，我喜欢的是踏实干事的人。随着时间的推移，我逐渐了解到了他的为人处世之道，而他“架空”正校长一事，更是让我对他心生疑虑。

在考察干部人才的过程中，我并没有陷入首因效应的决策误区。什么叫作首因效应？首因效应是指最初接触到的信息所形成的印象对人们以后的行为活动和评价的影响。换言之，就是说人与人第一次交往中给人留下的印象，在对方的头脑中形成并占据着主导地位。在心理学中，首因效应也叫“第一印象效应”。第一印象，是在短时间内以片面的资料为依据形成的印象。心理学研究发现，与一个人初次会面，45 秒钟内就能产生第一印象。第一印象会对他人的社会知觉产生较强的影响。

决策箴言：第一印象会对他人的社会知觉产生较强的影响。

一个新闻系的毕业生正急于寻找工作。一天，他到某报社对总编说：“你们需要一个编辑吗？”“不需要！”“那么记者呢？”“不需要！”“那么排字工人、校对呢？”“不，我们什么空缺也没有了。”“那么，你们一定需要这个东西。”说着他从公文包中拿出一块精致的小牌子，上面写着“额满，暂不招聘”。总编看了看牌子，微笑着点了点头，说：“如果你愿意，可以到我们广告部工作。”这个大学生通过自己制作的牌子表达了自己的机智和乐观，给总编留下了良好的第一印象，引起了总编极大的兴趣，从而为自己赢得了一份满意的工作。这种第一印象的微妙作用，在心理学上称为首因效应。

一位心理学家曾做过这样一个实验：分别让两个学生都做对 30 道题中的一半，但是让学生 A 做对的题目尽量分布在前 15 道题，而让学生 B 做对的题目尽量分布在后 15 道题。然后让一些被试者对两个学生进行评价：两相比较，谁更聪明一些？结果发现，多数被试者都认为学生 A 更聪明。

实验心理学研究表明，外界信息输入大脑时的顺序，在决定认知效果的作用上是不容忽视的。最先输入的信息作用最大，最后输入的信息也起较大作用。大脑处理信息的这种特点是形成首因效应的内在原因。首因效应本质上是一种优先效应。当不同的信息结合在一起的时候，人们总是倾向于重视前面的信息。即使人们同样重视了后面的信息，也会认为后面的信息是非本质的、偶然的，人们习惯于按照前面的信息解释后面的信息，即使后面的信息与前面的信息不一致，也会下意识地使后面的信息屈从于前面的信息，以形成整体一致的印象。从首因效应的成因来看，其影响不可小觑。

在现实中，管理者在做出决策判断时，很容易受到首因效应的影响，尤其是选人用人方面。对于这个人的考察，我差一些就被首因效应误导。其实，这个人也算是有些才能的干部。我见他和校长相处得不够和谐，又看到东简镇的教育管理比较薄弱，便有意让这个人到东简镇去当“管理组长”。有一天，东简镇一所幼儿园出现了人命事件，两个幼儿死亡造成了不良的社会影响。我马上找来这个人谈话，打算把这件事交给他处理。但是，他回绝了，说他的家人生病了，需要他去照顾。后来，我向其他人了解到并没有这回事。因为这件事，我真正看清了常务副校长这个人的人品。

其实，首因效应的产生与个体的社会经历、社交经验的丰富程度有关。如果个体的社会经历丰富、社会阅历深厚、社会知识充实，那么首因效应的作用将会被控制在最低限度。也就是说，第一印象并不是无法改变，也不是难以改变的。我之所以能够避免陷入首因效应的误区，是因为得益于我所拥有的丰富的社会阅历以及人事工作经历。

在社会认知中，个体获得对方第一印象的认知线索往往成为以后认知与评价的重要根据。第一印象的作用不言而喻，首因效应的影响显而易见。作为管理者，如果仅仅凭第一印象就做出判断，往往会犯下不可弥补的错误。在考察这个人时，我终究没有受首因效应的误导，没有做出错误的决策。在决策中，管理者还容易陷入一种误区，即投射效应。那么，又该怎样应对投射效应呢？

误区五　投射效应

在我担任教育局长后，湛江经济技术开发区教育系统内有一大批有才干的人得到了重用，他们或被培养为教育专家，或被提拔为中层干部，或晋升为校长，或进入教育局有关科室当了教研员，等等，湛江经济技术开发区教育系统内的干部队伍被激发出了前所未有的活力。

那么，我重用的都是一些什么类型的人呢？我重用人才主要有四个标准：一是教学能力突出，二是科研成果显著，三是治理理念先进，四是工作作风踏实。如今看来，作为教育管理者，我在人事工作的决策上倾向于重用有才干的人。然而，是不是我看上的有才干的人都能胜任其职呢？并不是。

我曾经很赏识一位教学能力比较突出的教师。这位教师2011年荣获省青年教师课堂教学大赛一等奖，在湛江经济技术开发区教育系统轰动一时。我将他从普通的农村小学调入湛江经济技术开发区的重点小学，并在竞争上岗中将他提拔为教导处主任。可以说，用“华丽变身”一词来形容这位教师的命运转变毫不为过。从一所农村小学的教导处副主任晋升为一所城市小学的教导处主任，我殷切期望他能够在湛江经济技术开发区迅速成长为市级名教师，并引领和带动其他教师加快成长。然而，数年过去，他非但没有成长为市级名教师，在教学改革、教育管理等方面也显得极为平庸，还跟校长的关系闹僵了。将帅不和就打不了胜仗，这种情况让我苦恼不已。我曾多次耐心地做他们俩的思想工作，希望他们俩团结协作，但是都无济于事。

管理学中有一句话：一把刀最容易豁口的是刀刃，一条枪最容易磨损的是枪尖，一个团队中最容易受到伤害的是冒尖的骨干。一方面，作为团队的领导，要学会保护刀刃、保护枪尖、保护优秀的人。很多领导都有一种错误的认识：优秀的人是强者，强者不需要保护。其实优秀的人也是弱者，他面临着人际关系的压力、学习的压力、进步的压力、工作指标的压力、家庭生活的压力等巨大的压力。很多团队都对优秀的人保护不够，这是不对的。另一方面，作为冒尖的骨干员工，应当注意人际关系。组织行为学的理论认为，一个人干工作有两种行为，一种叫“任务行为”，一种叫“关系行为”。完成工作量、指标、业绩等任务，叫“任务行为”；而处理好人际关系，让领导满意、同事认可，叫“关系行为”。必须要两条腿走路，两者都不能偏废。

这位教师和校长孰对孰错是一个难下定论的问题，如果大家都退一步，本着学校发展的整体利益，同心协力，携手并肩，那么结果就完全不同了。我们特别强调，骨干员工本该摆正位置，低调做人，高调做事，处理好人际关系。应该说，这位教师在这方面处理得不够妥当。之前我以为只要给有才能的人提供一个良好的平台，他就可以发展得更快，创造更可观的效益，现实证明并非如此。为了不让这个人才就此沉沦下去，我深入细致地做了他的思想工作，希望他有所作为。后来，他主动提出调到另一所学校，跟随一个和他合得来的校长去发展。这样，我总算解开了一个心结。

从他和校长的纠葛中，我深刻认识到，正如璞玉也有瑕，有才能的人并非就是完美的，关键在于如何将他安放在一个合适的位置，让他人尽其才。但是，如果有才干的人存在致命的缺点，就不可能有更大的发展空间了。

从这件事出发，我们要来谈一种心理学现象——投射效应。所谓“投射效应”就是指在人际认知过程中，人们常常假设他人与自己具有相同的属性、爱好、情感、倾向等，常常认为别人理所当然地知道自己心中的想法。事实上它也是一种心理定式的表现，它以评价自己的心理特征作为认知他人的标准。由于投射效应的存在，我们常常可以从一个人对别人的看法中推测这个人的真正意图或心理特征。由于人有一定的共同性，有相同的欲望和要求，所以，在很多情况下，我们对别人做出的推测都是比较正确的。但是，“人心不同，各如其面”，人与人之间毕竟有差异，不考虑个体差异，胡乱投射，就会出现错误。

《庄子》中有这样一个故事：尧在华地巡视，华地守护封疆的人祝他“长寿、富贵、多男子”，尧都辞谢了。守护封疆的人说：“寿、富、多男子，人之所欲也。女独不欲，何邪?”尧说：“多男子则多惧，富则多事，寿则多辱。是三者，非所以美德也，故辞。”人的心理特征各不相同，即使是“寿、富”等基本的目标，也不能随意“投射”给任何人。

在日本，洋娃娃代表着小女孩希望自己长大后将要成为的形象。芭比娃娃在日本刚推出时，在青少年眼中，胸部太大，腿也太长，蓝眼睛一点也不像日本少女，因此销售不佳。公司修正了芭比娃娃的胸部和腿，也将眼睛的颜色改变成了咖啡色，两年内芭比娃娃卖出了近 200 万件。公司起初的失败之处就在于假定了日本市场和美国市场具有相似性，认为在美国受欢迎的芭比娃娃在日本同样会受到欢迎，结果却大相径庭。这是忽略投射效应的后果。

其实，投射效应是一种认知心理偏差。人与人之间既有共性，又各有个性，如果投射效应过于严重，总是以己度人，那么人们将无法真正了解别人，也无法真正了解自己。辩证地去对待别人和自己，是克服投射效应的良方。

世界上没有无所不能的先圣，也没有放之四海而皆准的道理。以己度人也许会引起对方的反感和排斥，自以为是会让你远离事情的本原。所以，在决策判断时，管理者应该站在不同的立场和角度整合各个方面的信息，而不能想当然地认为一定怎样做才对。我便是从看似无解的人事工作中看到了转机，从投射效应中领悟到了用人决策之道，所以才能及时做出调整，避免自己陷入误区。

卓越的决策力不是天生就具备的，它来自管理者长期的学习、思考和实践。那么，我是如何修炼自己的决策力的呢？我又为此采取了哪些有效的途径呢？

第八章

锻造决策的“七把神剑”

一名卓越的管理者必定拥有非凡的决策力，可是管理者非凡的决策力并非天生就有的，而是通过多种途径，在不断的学习、思考和实践中修炼而成的。它囊括了决策的预见能力、应变能力、冒险能力、承受能力、创造能力、竞争能力和参与能力这七种能力，是管理者决策的综合能力的生动体现。这七种能力犹如“七把神剑”，让管理者在重要的决策工作中能够游刃有余、所向披靡。那么，作为一名卓越的管理者，该如何锻造决策的“七把神剑”，提高决策力呢？

“宝剑锋从磨砺出，梅花香自苦寒来。”一个人要成长、成熟和成功，就必须经历不断磨砺的过程，经历风雨的洗礼。同样，一个人要成为卓越的管理者，拥有非凡的决策力，就必须下一番苦功夫，不断去学习、思考和实践，提升自我，超越自我。我能在管理决策工作中游刃有余，是因为我一直着力提高自己决策的综合能力和素质。

多年来，我已把读书看报当作工作之余的一大乐事，并做到了读有所思、读有所悟、读有所获。在浩如烟海的书籍中，我对领导科学、管理智慧、决策艺术之类的书尤为痴迷，百读不厌。这种阅读习惯为我提供了丰富的信息资源，拓展了我的知识视野，提升了我的理论素养，使我常常能够做出明智的决策。当然，不管是传统纸媒，还是网络媒体，我都喜欢涉猎，也会借此去广泛了解社会时事，深入研究国家政策。正因如此，我形成了很强的政治敏锐性，做出的决策无不与形势的发展有关。“学习型组织”的重要决策，就是我在研读时事新闻、政府文件的基础上提出的。除了自我学习感悟之外，这些年来我主要去了华南师范大学、华东师范大学、中国人民大学等多所高等学院向有关专家学者学习取经。“觉民教育”“生态文明教育”等重要决策，就是因为得到了有关专家学者的启发和支持而成功推出的。

如果说学习和思考是管理者提高决策力的必经途径，那么实践就是最能锻炼和验证管理者的决策力的“试金石”。关于这点，我们要从湛江经济技术开发区一件极其重要的事情说起。

湛江经济技术开发区管理委员会要求湛江经济技术开发区教育局必须完成的一项政治任务，即解决湛江经济技术开发区钢铁项目搬迁村民回迁后子女就近入学问题。简言之，就是让回迁村民的子女顺利就读湛江经济技术开发区第十三小学。湛江经济技术开发区第十三小学是一所为钢铁项目安置小区专门配套建设的新学校，计划在 2015 年 8 月建成并投入使用，正式招收回迁村民的孩子，确保 2015 年 9 月 1 日开学。

湛江经济技术开发区第十三小学位于安置小区的西南方，占地面积 22000 多平方米，校内有两幢教学楼，建筑面积 8200 多平方米，规划建设教室32间、功能室5间、多媒体室1间，可提供学位1440个。自2008年国家级钢铁项目落户当时的湛江市东海岛经济开发试验区东简镇后，湛江市东海岛经济开发试验区启动了征地搬迁工作。十几个村庄需要整体搬迁，1万多村民需要到钢铁项目安置小区入住。钢铁项目安置小区坐落于东简镇一个有交通枢纽之称的重要区域，它规划建设了163幢6138套安置楼房，总用地面积约949.5亩。与之相配套的是湛江经济技术开发区第十三小学这所新建学校，该学校被用来解决搬迁村民回迁后子女入学的后顾之忧。可以说，建好湛江经济技术开发区第十三小学并让回迁村民子女顺利如期入学是一项意义重大、影响深远的民生工程。

在外人看来，有了上级领导的高度重视，有了大笔资金的投入支持，完成这样的任务应该是件轻松的事儿。然而，事实并非如此。如何指导项目方按照标准建设好新学校，如何排除学校建设中的安全隐患，如何动员回迁村民把孩子送到新学校就读，这些都是我当时所面临的棘手问题。如果不能妥善解决这些棘手问题，我就有可能受到责任追究，因此我承受的压力并不小。

在这种情势下，我果断做出了一个决策：提前介入新学校的工程建设。在率领班子成员对新学校建设情况进行督查时，我发现了一些不符合安全标准的问题，比如，教学大楼走廊的栏杆不够高，教室用的是玻璃门，教室墙壁上的插座过低，等等。栏杆没有达到规定的高度，如果学生攀爬，就容易发生坠楼事故；教室用了玻璃门，学生如果不小心出现碰撞，就容易发生流血事故；墙壁上的插座安装得过低，学生万一用手去触摸，就容易发生触电事故。无论哪一件安全事故都“惹不起”，无论哪一个孩子生命都“伤不起”。一旦出现了严重的安全事故，追究下来，有关责任人必定脱不了干系，将会受到法律严惩。作为教育行政部门的负责人，我明白自己肩上的安全责任，明白绝不可对安全工作掉以轻心。因此，我明确要求项目方对不符合安全标准的地方进行整改，确保按质按量完成学校建设。

决策一般是为了未来的行为进行选择，这就从客观上要求管理者要

“远视”，不能“近视”。很多情况下管理者需要拥有一种远见卓识，只有站得高，才能看得远。一个缺乏预见能力的管理者不可能做出正确的决策。决策是现在制定的一种措施，事实上却会对未来产生众多影响。虽然未来是不可知的，但管理者做决策时必须多想几招，以防不测。决策毕竟不是一种纯粹的冒险行为，对潜在问题的分析虽然不能准确地预测未来会发生什么，但起码可以降低问题发生的概率。谨慎的管理者都会尝试着去观察未来，去解析他们所能找到的征兆。做好了潜在问题分析，我们就能够比较准确地把握事物发展的未来，制定现在的决策。这是一种保护性的方法，能使我们尽可能地达到预期的目标。

的确，管理者要事先想到任何可能出现的“不测”，永远要在事前考虑有可能发生的会将你全部计划毁于一旦的每一个“不测”，管理者要经常问自己“如果……怎么办”，这样就可以强迫自己去考虑可能把事情办糟的每一种可能。所以我选择了事前充分考虑各种不利因素，提前介入新学校的工程建设，及早排除各种安全隐患，防范日后可能致使全盘皆输的“不测”，为新学校顺利交付使用做好了准备。

按照既定计划，湛江经济技术开发区第十三小学的建设工程将在 2015 年 8 月竣工，9 月 1 日正式开学。这样一来，湛江经济技术开发区教育局必须提前准备，指导该校做好招生工作。湛江经济技术开发区第十三小学的招生对象主要是回迁村民的子女。如何动员这类村民把子女送到湛江经济技术开发区第十三小学，对于我来说的确又是一个很大的考验。在安置小区尚未建好之前，那些搬迁村民只好暂住在其他地方，他们的子女因学校撤并而分流到其他学校。当年，为了撤并学校、分流学生，我率领我的团队做了很多工作，付出了很多汗水、心血和精力。现在，安置小区建好了，村民逐渐回迁了，而新学校也即将竣工了，所以教育局的当务之急就是动员回迁村民的子女就读湛江经济技术开发区第十三小学。应该说，这是一件有利于民生的好事。

然而，有很多回迁村民对教育局的动员不以为然，他们认为湛江经济技术开发区第十三小学是新建学校，教学质量无法保证，没有知名度和影响力，一切均是未知数。如果回迁村民不肯把自己的子女送入湛江经济技术开发区第十三小学就读，那么就会直接造成该校教育资源浪费，也会继续挤占其他学校本已紧张的学位，给他们继续增加负担。回迁村民的疑惑很正常，不得不及时消解，这是我所不能怠慢的。为了打消回迁村民的疑虑，经过深思熟虑后我拟了一份“公开信”，告知回迁村民湛江经济技术开发区第十三小学的“硬件”建设已达到一流水平，各种教学配套设施比较齐全，已完全达到“教育创强”的要求，并且配备有雄厚的师资力量，必定会努力把该校打造成有知名度和影响力的一流学校。此外，我组建了多个工作队，带他们深入基层跟回迁村民进行沟通交流，讲明政府保障民生的优惠政策，展望当地重点项目运营后美好的发展前景，表明教育部门打造一流名校、发展优质教育的决心。总之，我就是通过多种渠道让村民们逐渐开始理解与支持湛江经济技术开发区第十三小学的建设和发展，愿意把孩子送到该校读书的。

在我及我的团队的不懈努力下，截至 2015 年 8 月 31 日，有 196 名适龄儿童在湛江经济技术开发区第十三小学完成了入学注册手续，成了湛江经济技术开发区第十三小学的首批学生。对于回迁村民的孩子到该校就读的转学手续，教育局给予了一路绿灯。9 月 1 日上午，湛江经济技术开发区第十三小学迎来了首批回迁村民的孩子，这正式宣告了该校的招生任务圆满完成。至此，我完成了湛江经济技术开发区管理委员会下达的重要任务。

种在温室里的树苗过得安逸自在，未曾经历风雨的洗礼，根基较浅，枝干脆弱，因此无法长成参天大树。养在马厩里的马儿同样过得无忧无虑，不曾在旷野上奔跑锻炼，身躯羸弱，耐力缺失，故而无法成为千里战马。同样的道理，一个人的才干是练出来的。只有经历了风雨洗礼，接受了不断磨砺，才能走向成熟，集大成于一身。一个管理者只有坦然面对逆境的挑战，勇于解决棘手问题，才能不断提高自身管理决策的综合能力，干出一番辉煌的事业。我能一步步练就较强的决策力，正缘于此。

决策箴言：温室里长不成参天大树，马厩里养不出千里战马。

作为管理者，要真正提高自己科学决策的能力，既要注重学习相关理论知识，也要注重实践的磨砺，更要注重理论与实际相联系，切忌纸上谈兵，只凭个人主观意志想当然地妄做决策，否则后果不堪设想。

某电视机厂的管理者就曾吃过“纸上谈兵”的亏。该厂准备向泰国出口家用电视机，起初该厂根据本国人民的传统喜好，在专供出口的家用电视机上使用红色，以求增加喜庆气氛，从而有助于销售。谁知产品在泰国销路不畅，原来是因为当地居民认为只有消防车才用红色，红色会给人以警惕感，而且他们觉得在烈日炎炎的夏天电视机摆在家里就像一团熊熊火焰，会使人更加烦躁。此外泰国人认为红色象征着血，红色电视机会给人血淋淋的感觉，令人望而生畏。

后来，该电视机厂改用银灰色，可还是打不开市场。因为泰国人崇尚佛教，时常焚烧锡箔以超度亡灵。他们认为银灰色像锡箔纸，这种颜色的电视机放在家中会招来灾难和鬼魂，不吉利。那么，究竟什么颜色适合泰国人的需要呢？另一家电视机厂的做法则要高明得多。他们一方面组织美术设计人员去泰国逛公园，从大自然中寻找答案；另一方面派人与泰国的一家咨询公司联系，组织人员去搞民俗调查。结果他们发现泰国人喜爱蓝色。于是，这家电视机厂投其所好，最终赢得了泰国人的欢迎，这种电视机在泰国十分畅销。

第一家电视机厂积压了大量红色、灰色电视机，不得不运回国内销售，而国内电视机市场已进入白热化争夺状态，这家厂只好将那些落伍的、价格偏高的电视机低价处理，因此亏损了几百万元。

过去形成的旧法、旧规、旧制已不能解释和指导现在的组织行为，很多老经验、老框框早已失去了价值。在生活和工作实际中，偶发性事件、非常规性事件层出不穷，新问题、新情况、新思想不断出现。新形势下，管理者只有适应环境变化，具体问题具体分析，才能立于不败之地。在诸多原理、原则中，我们很难断定哪些是科学有效的。同样的原理、原则在不同的能力、知识、素质等变量的制约下，可能会产生截然相反的结果。德国著名军事学家克劳塞维茨说：“理论给人们带来的好处应该是人们在探索各种基本概念时得到启发。理论不能给人们提供解决问题的公式，不能通过死板的原则为人们指出狭窄的必然之路。”可见，古今中外，奢谈理论，不切实际，都是兵家大忌。兵家的论述完全适用于管理者的决策。凡事只空谈理论，不注意因势、因时、因地灵活地应变、调整，必然无法做出好的决策。

一言以蔽之，管理者决策力的提高，不仅需要他学习丰富的决策学理论知识，更需要他在实际中去思考、去应对。真正检验管理者决策力高低的，往往不是顺境中的决策，而是逆境中的决策。任务越重，难度越大，管理者承受的压力就越大，做出的决策就越有价值和意义。自从调任湛江经济技术开发区教育局长之后，我接到了上级交代的很多重要任务，遇到了一个又一个棘手的问题，也正是凭借着日益提高的决策力，我才能将其全部顺利解决。让回迁村民的子女顺利就读湛江经济技术开发区第十三小学就是其中一个十分重要的任务。

冻冰三尺非一日之寒，水滴石穿非一日之功。真功夫的练就，靠的是锲而不舍、忘我追求的精神，靠的是刻苦钻研、见微知著的劲头，靠的是无畏艰难、勇于开拓的意志。一个管理者高明决策力的形成，正有赖于此。通过长期的学习、思考和实践，以及处理各种疑难的磨炼，我的决策力逐渐提升，达到了一个较高的层次。但是，由于决策力是一个管理者决策的综合能力的体现，包含了预见能力、应变能力、冒险能力、承受能力、创造能力、竞争能力、参与能力等多种能力，因而需要管理者通过多种途径去提高。那么，应该通过哪些途径去提高决策的多种能力呢?

途径一　从博学中提高决策的预见能力

随着科技的日新月异和经济的迅猛发展，各种信息铺天盖地而来，管理者决策所面临的问题日益呈现出突发性、复杂性的特征，以往那种“今日不知明日事，明日有事再请示”“脚踩西瓜皮，滑到哪里算哪里”的被动决策方式已经越来越不合时宜。《孙子兵法》中说：“成功出于众者，先知也。”管理者提高决策的预见能力是提高工作主动性和有效性的不二法则。

当然，这里所说的预见能力既不是指唯心主义先验论的“先知先觉”，也不是指通过求神问卜而得到所谓的“预言”，而是指根据事物发展规律，对尚未发生的事件展开的预测，或对已经存在但尚不为人所知的事物的认识及其发展、结局的预见。领导者要具备远见卓识，就需要有足够强的预见能力。我是通过哪条重要途径来提高决策的预见能力的呢？这个问题的答案其实很简单，即“博学”。这里所说的“博学”，乃“广泛地学习”之意。

在我的学习经历中，有几件事颇值得回味。第一件事是2012年初我到华东师范大学参加教育管理培训班时，曾近距离地接触到了一位教授。这位教授是向教育部提供“均衡教育”意见的著名专家。围绕“均衡教育”的话题，我和他谈了两个多小时，意犹未尽，甚是投机。均衡教育是我国义务教育法的方向性要求，是实现教育公平的内核，是贯彻落实科学发展观的重要体现，具有重大的现实意义和深远的历史意义。大力推进均衡教育，功在当代，利在千秋。这段学习经历，深化了我对均衡教育的认识。为此，学习回来后，我马上着手推进均衡教育的各项工作，为后来湛江经济技术开发区通过“全国义务教育发展基本均衡区”验收打下了坚实的基础。2012年10月，国务院印发了《关于深入推进义务教育均衡发展的意见》，对在新形势下推进义务教育均衡发展提出了明确要求。国家这一教育战略部署，也从侧面印证了我所做决策的超前性。

第二件事是2014年我在中国人民大学参加国学智慧与领导素养培训时曾跟一位学者进行过深入交流，由此坚定了修缮“东海书院”的决心。我又从“十八大”后的政府文件中发现了一个重要信息：习近平总书记指出，中国优秀传统文化的丰富哲学思想、人文精神、教化思想、道德理念等，可以为人们认识和改造世界提供有益启迪，可以为治国理政提供有益启示，也可以为道德建设提供有益启发。就这样，通过虚心学习和深入思考，我在2014年底开启了具有湛江经济技术开发区独特风格的“觉民教育”模式。这一新颖的教育模式以“东海书院”为基地，依托传统文化，以“明德、循道、正觉、悟民”为核心精神，开展“觉师觉生教育”系列主题活动，揭开了湛江经济技术开发区教育的新篇章。时间证明我做出的构建“觉民教育”模式的决策是卓有成效的，并且在全市乃至全省都算是独树一帜。这当然也离不开我的超前意识和先进理念。

成功的预见，是高超的理论水平、合理的知识结构、科学的思维方法和深入扎实的调查研究等因素的综合体现。换言之，成功的预见源自博学。学习，是立身之本、百业之魂、万里之基。管理者只有加强学习，才能提高决策的预见能力。

在这里，我们要谈到一个历史人物——三国时期蜀汉丞相，杰出的政治家、军事家诸葛亮。作为一个历史人物也好，作为一个艺术形象也罢，诸葛亮的“经天纬地之才，出鬼入神之计”都是令人惊叹和折服的。他未出茅庐，便知三分天下；他审时度势，始终料敌如神；他知己知彼，近乎百战不殆；他遇险不惊，时常出奇制胜……可以说，诸葛亮正是凭着自己“运筹帷幄之中，决胜千里之外”的非凡智慧和杰出才能，为“匡扶汉室”立下了汗马功劳。

那么，诸葛亮的神机妙算从何而来？究其原因，很重要的一点就是博学。据道家《仙鉴》记载：道号“卧龙先生”的诸葛孔明，曾拜汝南灵山酆公为师，得到《三才秘箓》《兵法阵图》《孤虚相旺》秘本兵书；又到武当山拜北极教主，观览琅书、金简、玉册、灵符，掌握六甲秘术、五行道德，遂成为当时一流的军事家。此说可靠与否姑且勿论，但至少说明诸葛亮曾四处拜师求学。诸葛亮在“不费江东半分之力，已得十万余箭”之后，东吴军师鲁肃曾问他在三天前“何以知今日如此大雾”，诸葛亮回答说：“为将而不通天文，不识地利，不知奇门，不晓阴阳，不看阵图，不明兵势，是庸才也。”据此可以说，“智慧”离不开“知识”，“无知”者势必“无计”。

决策箴言：“智慧”离不开“知识”，“无知”者势必“无计”。

诸葛亮的神机妙算，正是他超凡预见能力的生动写照。从诸葛亮的身上，我们可以看到博学对于决策预见能力的提高有多重要。博学，也是管理者难能可贵之处。

一个杰出的管理者必须能够预见未来可能出现的危机与际遇，提早预防和准备。这种预见能力不是先天生成的，而是靠后天努力获得的。提升预见能力，领导者必须博学。所以工作之余，我常读《领导科学》《领导文萃》《智库》之类书刊，还会涉猎文、史、哲、地等类书籍，也曾积极到一些著名大学进修或拜访，跟专家学者进行学习交流。当然，很多事情的发展具有突发性的特点，管理者仅靠既定的理论知识是不可能应付自如的，这就需要管理者具备丰富的实践经验。也就是说，管理者要从多样的实践中提高决策的应变能力。对此，又该如何做呢？

途径二　从实践中提高决策的应变能力

世界上的事物复杂多变，许多新情况、新问题、新矛盾不断涌现，人们的第一次决策或多或少都带有一定的主观色彩，不可能绝对准确，还必须接受实践的检验，在实践中不断得到调整、修正、完善，此谓决策的应变性。这就要求管理者不仅要有敏锐的预见能力，而且要有灵活的应变能力。

管理者只有具备灵活的决策应变能力，才能在复杂多变、危机四伏的情势中站稳脚跟，成功胜出。

美国一家著名制药厂生产的安眠药因效果显著、信誉良好深受消费者欢迎，市场占有率很高，但一次突发事件差点使该制药厂关门。

一位长期服用该安眠药的消费者在头一天晚上从安眠药瓶中取出两片药吃过之后，真的就此长眠了——他死了。死者的家人一纸诉状告到了法院，要求该制药厂赔偿。新闻媒体将此事披露后，该制药厂的安眠药在市场上无人敢买。在危机面前，该制药厂采取了迅速有效的方法，不仅化解了矛盾，而且使产品得到了改进，更具竞争力。

制药厂首先通过新闻媒体表示对此事件感到震惊和不安，向死者的家人表示道歉和抚慰，并表示不管死者是否因安眠药作用致死，制药厂都将负责死者善后事宜。接着，制药厂真诚地请求对死者的胃液和死者服用的安眠药及装安眠药的药瓶进行化验。化验发现，死者服用的药片不是该制药厂生产的安眠药，而是治其他病的药，并在安眠药瓶中发现了这种药片。原来是死者的一位亲属将药装在空的安眠药瓶中却忘了告诉死者，导致死者误服。

制药厂立即通过新闻媒体发布了这一消息。然后，为防止类似情况再发生，制药厂提出了改进安眠药瓶的设想。经过紧张研制，新型安眠药瓶在打开后不能再封，消费者在服用完药后不能再用来存放其他药物，使安眠药变得既可安眠又可确保患者安全。新瓶装旧药，在市场上顿时倍受青睐，不仅赢得了原有市场，而且扩大了该安眠药的知名度，市场占有率比突发事件前有了显著上升。

不同领域的形势、信息都是复杂多变的，这就要求管理者能以超群的管理能力来处理非程序化问题。突发事件作为非程序化问题的极端形式，更需要有较高的管理素质。在风云变幻的政界、扑朔迷离的商界、变化多端的战场，以及潜伏着不确定因素的其他领域，对于超常规出现的突发事件和由此带来的危机，管理者需要运用以创新、权变、当机立断等为内容的应变策略，获得主动的和满意的处理结果，避免损失或者把损失减少到最低程度。

当然，决策的应变能力是可以通过实践来逐步提高的。在实践活动中，我们必然会遇到各种各样的问题和实际的困难，努力去解决问题和克服困难的过程，就是提高人的应变能力的过程。

决策箴言：在实践活动中，我们必然会遇到各种各样的问题和实际的困难，努力去解决问题和克服困难的过程，就是提高人的应变能力的过程。

来到湛江经济技术开发区教育局任职后，在具体的决策实践中我遇到过诸多难题和困难的挑战，往往是重任当前，危机四伏。但是，我每一次都能化解危机，解决难题，不负众望地完成任务。原因何在？这与我决策的应变能力较强有关。在教育资源整合中，学校撤并与搬迁、教师考试与调配、学生分流与安置，无不充满着极大挑战性的任务，搞不好就会影响整个地区的发展大局，造成不良的社会影响。这个担子很重，可我还是挑起来了。多次历经此类颇具难度的决策实践，我的决策应变能力与日俱进，达到了一个很高的层次。这为后来多项重大决策的做出打下了良好的基础。

按照湛江经济技术开发区管理委员会的部署，湛江经济技术开发区教育局必须妥善解决湛江经济技术开发区钢铁项目搬迁村民回迁后子女就近入学问题，也就是让回迁村民的子女顺利地就读湛江经济技术开发区第十三小学。这是一项相当重要的政治任务，必须在规定的时间内完成，否则会受到责任追究。如此重压之下，我并没有自乱阵脚，而选择了审时度势，灵活应对。我提前介入新学校的工程建设，排除安全隐患，提高了学校的保险系数。在动员回迁村民子女就读湛江经济技术开发区第十三小学上，我通过多措并举，消解家长疑虑，树立学校形象，从而顺利地打开了局面，保证了如期开学。这里面的决策，就需要一定的应变能力。

诚然，管理者只有提高决策的应变能力，才能灵活应对不断涌现的新情况、新问题、新矛盾，做出科学有效的决策。可是，提高决策的应变能力有无理想的途径可走？当然有，那就是实践。管理者要适应改进工作的需要，坚持调查研究，一切从实践中来，到实践中去，要善于总结经验、发现问题，并采取有效的措施推进各项管理工作的开展，使工作效率不断提高。

大凡实践经验丰富的管理者都拥有较高的决策应变能力，能够找到各种解决疑难、化解危机的策略与方法。我遇事坚持深入一线调查研究，把解决教育民生问题视为首要任务，如此才使得自己的决策应变能力迅速提高，并为我在关键时刻的决策发挥出了重要的作用。当然，作为一名优秀的管理者，仅仅提高决策的应变能力是不够的，还要提高决策的冒险能力。那么，又该通过怎样的途径去提高决策的冒险能力呢?

途径三　从思想上提高决策的冒险能力

成功与失败，往往只在一念之间。一个善于决策的人从不会在对事情有了百分之百的把握之后才去决策。决策总带有一定风险，倘若等把事情都搞清楚了才去“决策”，那么就算不上决策。要知道，条件完全具备之际，往往是机遇消失之时，一味追求完善，就会坐失良机。一般来说，只要有 60％以上的把握就应当敢于决策，应当有信心去行动。

风险和收益的大小是成正比的。风险大，成功之后得到的利益也就越大，因为收益是对人们所承担风险的回报。勇气与胆量对于愚者来说是鲁莽的代称，对于智者来说却可开出智慧的花朵。一点儿风险都不敢冒的决策，绝不能算是高明的决策。作为管理者，没有一点儿冒险意识就很难打开局面。事实上很多管理者都不喜欢冒险，他们往往惧怕冒险的成本，担心自己承受不了冒险的损失。然而在激烈竞争的环境里，不进则退。想要增加收益，必须敢于冒险，在许多情况下降低风险无异于慢性自杀。

美国一家著名的汽车生产商为了更好地迎接销售旺季的到来，同时有效地应对竞争对手的挑战，决定提前制订公司新型汽车供应量计划。这个计划由营销策划部制订。营销策划部经理一接到任务，立即派人到公司各个部门收集决策的相关信息，包括预期的销售量、分销商投资、竞争对手营销策略以及销售成本等信息。各部门负责人在获知信息收集的真正目的之后，全部认为应该生产更少的汽车，满足最低水平的供应需求。营销策划部经理在综合分析各项数据之后，认为未来的汽车供应量应该更少。毫无疑问，汽车的供应量远远低于市场需求总量。旺季来临不久，这款汽车的库存就消减了一半，该汽车生产商不得不眼睁睁地看着竞争对手攫取大片的市场。

汽车生产商由于追求降低风险，便只能痛失占领市场的良机。机遇与挑战并存，管理者如果在风险面前谨慎过度，思想保守，不敢与之一搏，那么只能遗憾地看着机遇与自己擦肩而过。

当然，这里所说的冒险并不是让你盲目决断、随意去冒险，而是要你在决定冒险之前，认真考虑多种因素，确定是否值得冒险，成功的概率是否大于失败，这样冒险就不会给你带来毁灭性的打击。冒险极有可能要付出一定的代价，在决策时就应该把这种代价考虑进去。总之，既要敢于冒险，又要尽量减少损失，这才是成功的关键。决策者要达到如此要求，就要从思想上努力提高决策的冒险能力。

在重点学校校长的选用决策上，我就用到了冒险能力。林文智从一所名不见经传的乡镇中心小学校长调任声名远播的湛江经济技术开发区第一小学校长，让很多人感到不可思议、心存疑虑。在他们看来，让一个农村小学校长担任城市重点小学校长，就是一个冒险之举。农村学校校长的理念先进吗？能力突出吗？业务精通吗？管理有方吗？这一串问号的确都是未知数。但是，我相信自己看人的眼光。林文智是一名“专家型校长”，我相信他必定能把湛江经济技术开发区第一小学办好，办出水平，办出特色。事实上，林文智确实是一名“专家型校长”，是市级学科带头人，曾主持多项省级课题研究，发表过10多篇核心论文，出版过1部学术著作，指导过一大批省、市级骨干教师。林文智的实力就摆在那里，当然他后来也以显著的办学实绩回应了人们的不解和质疑，证实了我的决策的正确性。所以，我在用人决策上的冒险是值得的。

我为什么在用人决策上有一股冒险精神？其实，这与我深刻的用人决策思想有关。我重视科研，青睐科研型人才，相信科研是推动学校加速发展的重要力量。所以，对于林文智这样科研成果比较突出的校长，我尤为看重。我对学校的治理模式有自己的思考和研究，也始终把科研兴校、质量立校和人才强校当作有效的治校方略。我曾去过全国教育改革试点区南海区调研考察，亲身体会到以科研为重的学校治理模式的魅力。这种在长期学习、思考和调研中形成的思想，增强了我在校长的选拔任用决策上的自信，也为我选用“专家型校长”提供了冒险的资本。

作为管理者，我的冒险精神并不仅仅体现在选人用人决策上。

从思想上讲，决策的冒险性绝不是盲目冒险，而是一种科学的勇敢行为。一个人往往在冒险并盘算着该做什么时成长最快。一位日本专家指出，人类在长期的历史过程中，学到了很多智慧，也拥有了很多智慧，这能给人以更大冒险的可能性。同理，也正是因为我长期以来的阅读和总结调研习惯，才使得我的思想变得成熟，才提高了我决策的冒险能力。

决策箴言：从思想上讲，决策的冒险性绝不是盲目冒险，而是一种科学的勇敢行为。

生命从本质上讲就是一种探险，如果不主动地去迎接风险的挑战，便只能被动地等待风险的降临。对于管理者而言，他所面临的风险往往远甚于常人，尤其在决策方面。因为他需要承担重要的责任，所以，管理者必须从思想上提高决策的冒险能力。在重要决策上，管理者还必须具备较强的承受能力，否则就容易被挫折击倒。那么，我是怎样提高决策的承受能力的呢?

途径四　从心理上提高决策的承受能力

决策是对决策者心理素质的全面考验。没有充分心理准备的决策是不成熟的决策，没有充分心理准备的决策者是不称职的决策者。一句话，决策者做决策时需要一颗“大心脏”。

担任湛江经济技术开发区教育局长后，我做过很多重要的决策，由于责任重大，无不承受着很大的心理压力。在重要岗位的用人决策上，我其实跟其他管理者一样需要承受很大的压力。如果因用人失察而造成不良后果，我就会被追究相应责任。对于这点我心里是明白的，所以在用人方面，我坚持一个原则：用人就用有才能、有担当的人。所以，在任用湛江经济技术开发区第一小学这所重点学校的校长时，我看中了各方面能力都非常突出的林文智。

在回迁村民子女入学的问题上，我更是承受了前所未有的心理压力。几年前，钢铁这一国家级重点项目进驻湛江经济技术开发区东简镇，当时，撤并学校并分流学生到其他学校就读是湛江经济技术开发区管理委员会下达给湛江经济技术开发区教育局一项必须完成的任务。于我而言，时间紧，任务重，困难多，其中的压力可想而知。我通过计划，率领工作组妥善分流回迁村民子女到其他学校就读。这也算是为重点项目征地搬迁工作打响了第一炮，奉献了教育部门的一份力量。我之所以能顶住压力，一是出于责任担当，二是出于决策智慧。有责任，才有干劲；有智慧，才有闯劲。我心中强烈的责任感和使命感促使我把压力转变成了动力，最终完成任务。

几年过去，钢铁项目安置小区建好，回迁村民子女就近入学问题成了湛江经济技术开发区管理委员会必须办好的民生实事。湛江经济技术开发区管委会又把这项重要的任务安排给湛江经济技术开发区教育局。我们全力做好动员和招生工作，确保了湛江经济技术开发区第十三小学在2015年9月1日顺利开学。在这期间，为湛江经济技术开发区第十三小学协调建设资金、排除安全隐患、同时足额配置教师，疏通村民思想，哪一个环节的工作都不轻松。最终，压力化解了，任务完成了。

这几年来，除了以上这样的决策，我还做了多项重要的决策，如教育改革、教育创强、教育均衡发展等。这些决策最终都获得了成功，我因此也提高了决策的心理承受能力。要培养决策的心理承受能力，就需要做到以下三点。

一是要勇于担当，履行职责，发扬不怕苦、不怕累的精神。

二是要未雨绸缪，提前做好决策的各项准备工作，使自己时刻处于决策的主动地位。

三是要加强心理考验，有意识地把自己放到最艰苦的地方去锻炼，培养吃苦精神。

毋庸置疑，每一项重要的决策对管理者的心理素质来说都是一次考验，也是一种锻炼。经历风雨的洗礼，决策的心理承受能力才能更强，身处逆境或险境时才能多出一份从容和淡定。

决策箴言：每一项重要的决策对管理者的心理素质来说都是一次考验，也是一种锻炼。

在担任教育局长期间，我曾遇过一次严重的危机。有人向上级领导反映我在人事调动上的决策不符合程序要求，依据是湛江经济技术开发区教育系统内的教师调动不是“正式调动”，均是借调关系。收到反映的上级领导是新调来分管教育的区领导，他马上找到我进行质询，问我为何出现这种状况。我回答说问题的症结出在组织部门而不是教育部门。湛江经济开发区和湛江市东海岛经济开发试验区合并后，湛江经济技术开发区的教育发展加快，建成区学校的办学规模迅速扩大，学生人数剧增。而与此不相协调的是教师缺口越来越大，急需新教师补充。湛江市东海岛经济开发试验区各个镇的教师均存在不同程度的超编现象。基于此，我就根据学校急需教师补充的现状和教师申请调动的意愿，合理调配教育系统内的人事。但是湛江经济技术开发区组织部门卡住了，不给予正式手续办理。对本区教育系统内的教师调动手续，组织部门不予办理，而对其他县区调人本区学校的教师，组织部门办理了正式手续。这种人事体制上的深层次矛盾，显然掣肘了湛江经济技术开发区教育的良好发展。

于是，我郑重地向领导解释了湛江经济技术开发区人事体制中存在的深层次矛盾，并表明自己的人事调动决策是按照程序进行的，每个教师的调动都经过了局班子成员的集体研究和集体决策，并不是我一个人说了算的。所以，我的决策不存在所谓的专横独断问题。最终，领导理解了我的做法。一场威胁到我管理生涯的危机就这样化解了。

在这场危机的化解中，我能够处变不惊，沉着镇静，从容应对，得益于我过硬的心理素质。这也是我多年来锤炼心理素质的结果。

一事当前，临危不乱，自能产生无限智慧，化解困难。作为管理者，当遭受挫折、面临危机时，不要哀叹，也不要哀求，勇敢地抬起头来，默默地承受这一切，客观理智地寻找出路。我在很多重要决策中都曾经遇到种种困难，甚至陷入险境，但是最终都挺了过来。究其原因，关键在于我过硬的心理素质。除此之外，作为决策者，还应该注意提高自己所做决策的创造能力。

途径五　从思维上提高决策的创造能力

2014 年 12 月，我提出了一种区域教育新模式——“觉民教育”，并由此拉开了打造区域教育文化品牌的序幕。“觉民教育”的提出，可算得上是我决策中运用创造性思维的典范。

几年来，我都在深思一个问题：如何构建一种彰显湛江经济技术开发区文化特色的教育新模式？为此，我多次到湛江经济技术开发区各地进行深入的调研。坐落于湛江经济技术开发区东山镇的觉民小学让我颇感兴趣。觉民小学原名为“东海书院”，已有 370 年历史，以“斯道觉民”为教育宗旨，传统文化厚重。不过，虽然发现了“东海书院”的文化特性和意义，但是我还没有一个清晰的思路做出构建“觉民教育”模式的决策。直至了解到两个人的文化主张，我才产生了思维上的顿悟。这两个人分别是湛江经济技术开发区第一中学长期研究校园文化的江海燕老师和华南师范大学长期研究区域文化的李子江教授。江海燕后来成为东海书院研究院院长，而李子江则成了东海书院研究院的顾问，两人对“觉民教育”的开展都给予了大力的支持。

在寻求专家的理论支持后，我还从“十八大”后的政府文件中获得了灵感。“十八大”后，政府对传统文化教育愈加重视，教育部还专门下发了开展传统文化教育活动的通知。我的政治敏锐性很强，马上从中领悟到现时期弘扬传统文化的重要意义。就这样，经过实地调研、专家论证和政治解读，我提出了“觉民教育”模式的构建，在全区各中小学广泛开展“觉师”“觉生”教育，着力打造区域教育文化品牌，提升湛江经济技术开发区教育的水平和内涵。

“觉民教育”是我创造性决策思维的结晶，它需要较强的创造能力。思维反映到决策活动中就是思路，“脑中有思路，脚下有出路”，这就是思路给管理者带来的奇妙效应。当下，有些企业严重亏损，市场经营举步维艰。可以说，思路不开阔、缺乏创造能力，是问题症结之所在。如果管理者的思想再解放一点，胆子再大一点，换个角度看问题，变个方法解决问题，那么效果就会迥然不同。

决策箴言：如果管理者的思想再解放一点，胆子再大一点，换个角度看问题，变个方法解决问题，那么效果就会迥然不同。

2015 年 6 月我又提出了开展“生态文明教育”的构想。继“十七大”之后，“十八大”报告再次论及“生态文明”，并将其提升到更高的战略层面。由此，中国特色社会主义事业总体布局由经济建设、政治建设、文化建设、社会建设“四位一体”拓展为包括生态文明建设在内的“五位一体”。从“十八大”报告中，我解读到了树立生态文明理念、推进生态文明建设的重要意义。但是，我觉察到生态文明教育仍然没有受到全社会的真正重视，这是值得人们深思的一种现象。我认为当代教育者有责任去全力开展生态文明教育，让下一代从小就懂得生态文明、尊重自然、爱护环境。

我的这一新颖想法得到了李子江教授的认可和赞赏。在我的陪同下，李子江教授对湛江经济技术开发区的生态文明建设情况进行了深入调研。当来到硇洲镇时，李教授不禁为这座海岛原生态的自然风貌所吸引，称赞其自然生态环境保护得非常好，认为完全可以将其建成“生态文明旅游海岛”。李教授告诉我，在“觉民教育”的基础上大力开展“生态文明教育”，打造区域教育文化品牌，前景必定一片光明。我自身的政治敏锐性以及从专家那里获得的理论支持，使我最终做出了在全区开展“生态文明教育”的重要决策。2015 年 8 月底，湛江经济技术开发区教育局向全区各中小学下发了《关于开展生态文明教育的通知》的文件，“生态文明教育”这一新的教育形态正式在湛江经济技术开发区落地生根。

“觉民教育”和“生态文明教育”的相继出台，说明要敢做那些看起来不可能做到的事情，敢于探索，善于“无中生有”，爆发超强的创造力，使思维优势在决策的空白地带充分体现出来。这也说明，管理者要提高决策的创造能力，就要养成思考质疑的习惯，善于把握重要信息，运用求异性思维去分析和解决问题，同时大胆解放思想，推陈出新。

把握好重要信息，不仅有助于我提高决策的创造能力，而且有助于我提高决策的竞争能力。

途径六　从信息上提高决策的竞争能力

《孙子兵法》中说：“知己知彼，百战不殆。”何以知己？何以知彼？拿什么来了解竞争双方的特点和条件？靠的就是信息，也就是我方的情况和对手的情报。孙子的这句名言强调的就是信息非常重要的道理。

我具备很强的政治敏锐性，因为我重视信息对决策的作用，特别是政治、政策信息对决策的作用。我做出过多项重要决策，无不与我对政治、政策信息的及时把握和准确解读有关。

2002 年 11 月 8 日，党的“十六大”在北京胜利召开，举国欢腾，举世瞩目。这是一场继往开来的盛会，很多关系国计民生的重大战略部署由此做出。在研究党的“十六大”报告时，我敏锐地发现了一条重要信息——“创建学习型组织”。我对这条重要信息十分关注，并产生了浓厚的兴趣。2007 年 10 月，党的“十七大”在北京胜利召开，再次提到建设学习型组织的重要意义，尤其强调要大力推进学习型党组织建设，以保持党的先进性和增强党组织的活力，实现学习型社会的构建。同一条信息在全国党代会报告中两次出现，说明了什么问题？我心里十分清楚。

2010 年 3 月担任湛江经济技术开发区教育局长后，我马上着手开展创建学习型组织的工作。我向全区教育系统下发的 1 号文件就是《关于在全区中小学开展创建学习型班子、学习型教师和师德师风教育活动的通知》。为了起到表率、示范和引领作用，我率先在教育局机关内部开展创建学习型党组织的工作，这一重要决策比全市其他机关单位提早了半年多时间。2011 年，全省建设学习型党组织工作协调小组对湛江经济技术开发区教育局建设学习型党组织工作的情况进行考评，给予了高度的赞赏。在 2011 年 4 月 12 日召开的全省学习型党组织建设工作交流会上，湛江经济技术开发区教育局被确定为全省 13 个“第一批省级学习型党组织建设示范联系点”之一。湛江经济技术开发区教育局是全市唯一获此殊荣的机关单位。

湛江经济技术开发区教育局被确定为“第一批省级学习型党组织建设示范联系点”，值得点赞。正是因为我具备足够强的政治敏锐性，及早发现了政治、政策中透露的重要信息，高度重视并迅速将想法付诸行动，扎扎实实地开展相关工作，才比全市其他机关单位先行一步，最终脱颖而出。

当今时代是信息时代，谁能掌握更多更优的信息，谁能更好更快地利用信息，谁就能赢得竞争的主动权。美国有个服装公司，1985 年销售额约达 3 亿美元，当人们问到该公司的成功秘诀时，该公司回答：“是信息灵通给我们带来了繁荣。”实践证明，一条有价值的信息可以使一个濒临倒闭的企业获得新生，也可以使一个较好的企业“更上一层楼”。更为重要的是，一些重要的综合信息甚至还能够孕育、产生出一系列新政策、新举措。在市场中，有人提出“信息＋决策＝财富”，这不无道理。同样，在各个行业领域，管理者获取和利用信息的能力对决策的得失至关重要。

决策箴言：当今时代是信息时代，谁能掌握更多更优的信息，谁能更好更快地利用信息，谁就能赢得竞争的主动权。

除了在开展建设学习型党组织工作上先行一步之外，我在建设学习型教师队伍上所做的决策，也为全面提升湛江经济技术开发区教师队伍的素质奠定了坚实的基础。在湛江经济技术开发区各个中小学内，教师的学习和研究蔚然成风，成为湛江经济技术开发区教育很快形成强大竞争力的一大支撑。

建设学习型组织，是我上任后的第一项重要决策，从实践反馈来看获得了很大的成功。这是敏锐获取和有效利用信息的结果。不久之后，我做出在全区开展“有效课堂教学人人达标”活动的重要决策，正式拉开了新一轮教育改革的序幕。这项决策出台，正值《国家中长期教育改革和发展规划纲要（2010—2020年）》颁布之时。我抓住这一重要信息，迅速果断启动教育改革，比全市其他县区领先一步，占得了先机。在“有效课堂教学人人达标”活动的带动下，湛江经济技术开发区一批骨干教师脱颖而出，他们纷纷在全区、全市乃至全省的各类课堂教学竞赛中获得了一、二、三等奖。2015年9月，在全国“一师一优课，一课一名师”活动的评选中，湛江经济技术开发区有5位语文教师的录像课顺利入围：湛江经济技术开发区第一小学有4位，湛江经济技术开发区有1位。要知道，全市总共才只有9位教师入围评选，而湛江经济技术开发区就占了5位，湛江经济技术开发区能够获得这一佳绩，着实可喜可贺！

在教育质量上，湛江经济技术开发区的进步有目共睹：2010年以前湛江经济技术开发区的中考整体成绩还名列倒数第一、第二名，到2010年后已牢牢占据全市前三名的位置。在课题研究上，湛江经济技术开发区多所学校取得了丰硕的成果，整个湛江经济技术开发区课题成果不论在数量上还是在级别上均名列全市前茅。在短短数年内，湛江经济技术开发区能够取得如此辉煌的成绩，显然与及早启动的教育改革不无关系。

我之所以取得成功，正是因为从信息上提高了决策的竞争能力。这也是多年来我意识超前、理念先进、行动果敢的奥秘所在。

我有很强的政治敏锐性，特别是对重要的政治、政策信息预判精准，所以能充分认识到信息工作在科学决策中的重要地位和作用。另外我习惯去开发信息的潜在价值，一旦发现机遇，就立刻抓住，抢先做出正确的决策。这些都为我提高决策的竞争能力提供了有力的支撑。湛江经济技术开发区的教育事业蒸蒸日上、前景明朗，即是最好的诠释。诚然，作为管理者，要做出正确决策，一定离不开从群体中汲取决策的智慧，提高决策成员的参与能力。那么，又该如何从群体上提高决策的参与能力呢？

途径七　从群体上提高决策的参与能力

科学有效的决策需要集体的智慧。对于管理者来说，决策绝不能搞“一言堂”，因为一个人的力量毕竟有限。管理者要尽可能避免决策失误，就要积极鼓励群体参与到决策中来，实现决策民主化、科学化。

2012 年是湛江经济技术开发区教育发展中特别关键的一年，因为这一年在市教育局的统一部署下，湛江经济技术开发区要以创建“教育强区”为抓手，以提高质量、促进公平为目标，全面创建“义务教育发展基本均衡区”，大力促进基础教育均衡发展。此后三年间，湛江经济技术开发区教育局为此做了大量的工作，各中小学校也做了充分的准备。按照计划安排，2014 年 12 月，教育部督导组将对湛江经济技术开发区创建“义务教育发展基本均衡区”工作进行评估验收。

为了迎接教育部督导组的评估验收，我率领教育局督导组到湛江经济技术开发区各中小学检查“义务教育发展基本均衡区”的创建工作。我要求各中小学必须对照评估验收标准查漏补缺，对存在的问题进行大力整改。

当来到湛江经济技术开发区龙潮小学检查时，我们发现这所学校有些硬件设施的建设还未达到验收标准，需要加以整改，其中最突出的一点就是教学楼中包括走廊在内的诸多地方都罩上了防盗网。龙潮小学这么做的目的是预防学生从楼上坠落，但是这样看似安全的设施其实存在安全隐患——如果发生火灾，如何逃生？

这个棘手问题肯定要解决，但此时离教育部督导组的到来已经剩下不足两周时间，形势比较紧急。我在心里不由打了一个问号：能否在四五天内完成龙潮小学冗余防盗网的拆除任务？

我深知这样的棘手问题不是我一个人在短短时间内就可以妥善解决的，应该听取局班子成员的意见，并协调有关部门处理。在我的提议下，几位副局长和有关部门负责人去龙潮小学进行了检查，都认为必须尽快拆除冗余的防盗网。据此，我向区领导汇报了这件重要的事情，获得了区领导的支持。

经过紧急讨论，决定拆除龙潮小学冗余防盗网的工作迅速启动，湛江经济技术开发区教育局三个副局长坐镇指挥。五天过去，龙潮小学冗余的防盗网被拆除完毕。事实上，龙潮小学是一所城中村学校，硬件设施的建设水平远低于市区其他学校，整改过后终于达到了较高的标准。当教育部督导组如期莅临湛江经济技术开发区评估验收“义务教育发展基本均衡区”的创建工作时，抽查了几所学校，其中一所就是龙潮小学。由于龙潮小学准备充分，整改得力，因而顺利通过了教育部督导组的检查和评估，湛江经济技术开发区也顺利通过了全国“义务教育发展基本均衡区”的评估验收。

综观拆除防盗网这件紧急事情的决策过程，我并没有一个人说了算，马上拍板定夺，而是听取班子成员的意见，请示上级领导，最后才做出在五天内拆除防盗网的决策。我的这项决策凝聚了集体的智慧，故而才能化险为夷，打赢了一场任务格外重要的“遭遇战”。著名科学家爱迪生有句名言：“用集体智慧创造未来。”这充分说明了集体智慧的重要性。实践也一再证明：凡是经过群体充分讨论而做出的决策，往往是比较完善和稳妥的。

作为管理者，应具备的优秀品质之一就是懂得如何利用和发挥集体的智慧。这就要求管理者尽可能地提高群体参与决策的能力。从决策上讲，群体成员的参与能力有五种。

一是自主能力。能够以高度的主人翁责任感、强烈的个人主见参与决策讨论。

二是建议能力。能够根据决策要求，从不同角度提出合理化建议，以改进决策。

三是监督能力。能够对管理者的决策进行民主监督。

四是评议能力。能够民主评估决策。

五是执行能力。能够在实践中自觉完善决策。

从群体上提高决策的参与能力，让群体参与到决策中，通常意味着决策过程更加民主、更加透明。民主化和透明度就是决策的附加利益，有了它，群体成员在为管理者出谋划策时才会更加积极、主动。在棘手问题面前，我之所以能最终找到有效的解决之道，秘诀也正在于此。集思广益，群策群力，方能踏平坎坷成大道，铸就事业新辉煌。

江苏凤凰教育出版社
《行知工程》系列丛书目录

系列	序号	书　　名	主编	定价
校长领导力系列	1	《学校成功管理的决策力》	邱黎明	30.00
	2	《学校高效管理的创新力》	张旭	30.00
	3	《学校教育提升的引领力》	谢文东　关敏华 王林发	30.00
	4	《校长智慧统筹的领导力》	谢耀丰　蔡丽姗 王林发	30.00
	5	《学校细节管理的执行力》	林文明　王林发	30.00
	6	《学校持续发展的研究力》	林文智　宋佳敏 王林发	30.00
	7	《学校和谐融洽的协作力》	陈一平　郭雪莹 王林发	30.00
	8	《学校团队成长的学习力》	黄纪　蔡美静 王林发	30.00
	9	《高品质学校生长要素》	王益民	30.00
	10	《校长高效教学领导力提升策略》	徐世贵　郭文帑	30.00
创新教学探索系列	11	《做童年面前最合适的人——我和孩子们的“童化语文”》	曹丽秋	30.00
	12	《品世界名画，学精彩作文 ——特级教师的“名画”作文教学法》	李日芳	36.00
	13	《玩出精彩作文——张化万活动作文教学经典策略》	张化万	35.00
	14	《〈红楼梦〉里的语文课》	李日芳	30.00
	15	《让学生把母语用精彩——“语用课堂”的探索与实践》	佘小红	30.00
	16	《“备”出课堂精彩——备学式教学的课堂实践与思考》	张旭兰	30.00
	17	《神奇的阅读教室——带学生踏上美妙的阅读之旅》	李祖文	30.00
	18	《打造有生命力的课堂 ——“两步八环节”教学模式探索与实践》	查联智	30.00
	19	《最能培养学生探究能力的课堂 ——小学科学与信息技术单元整体课程实施与评价》	李怀源	30.00
	20	《最能激发学生运动天赋的课堂 ——小学体育单元整体课程实施与评价》	李怀源	30.00
	21	《最能提升学生艺术素养的课堂 ——小学艺术单元整体课程实施与评价》	李怀源	30.00
	22	《“生命语文”探索——焕发语文生命力的思考与实践》	王自成	30.00

系列	序号	书名	主编	定价
创新教学探索系列	23	《粘连作文教学：让习作成为有个性的自我建构》	黄瑞夷	30.00
	24	《备学式教学——在体验中建构数学思维》	单广红　范雪梅	30.00
	25	《向着自主进发——自主教育的创新实施智慧》	朱亚红	30.00
	26	《写中学——让学习更有效的学科写作教学》	钟传祎	30.00
	27	《小学科学实验总动员——大科学课堂有效提升学生创新力》	江美华	30.00
	28	《小学语文单元整体课程实施与评价》	李怀源	30.00
	29	《小学英语单元整体课程实施与评价》	李怀源	30.00
	30	《小学数学单元整体课程实施与评价》	李怀源	30.00
	31	《让教学更能激发智慧——“思维碰撞”课堂的建构与实施》	程和方	30.00
新思维系列	32	《让后进生学习有后劲之 36 计》	严育洪	30.00
	33	《教育中的“不一定”——打破教育的 19 种思维惯式》	严育洪	30.00
教师修炼系列	34	《与学生一起成长——90 后教师的心路反思》	王　晗	30.00
	35	《教育，爱与宽容——教师心灵礼仪修炼》	许力争	30.00
教育家核心思想系列	36	《叶圣陶论写作》	叶圣陶 著 李怀源 选编	30.00
	37	《叶圣陶谈阅读》	叶圣陶 著 李怀源 选编	30.00
	38	《多元智能理论的本土化应用》	刘治富	30.00
	39	《大教育家最具施教力的教学思想》	白刚勋	30.00
教育求索系列	40	《欣说教育那“一亩三分地” ——一位一线教师的教育微思考》	王庆欣	30.00
	41	《爱的守望——一位一线教师对教育的坚守》	林卫红	30.00
	42	《思政教学的人文力量》	戴晓华	30.00
	43	《师道新说——给教育者的 30 条箴言》	徐　卫	30.00
学生心理解码系列	44	《在人生的春天播种——十四岁，写给青春的一封信》	白宏宽	30.00
	45	《孩子问题行为一点通 ——只有好老师才知道的学生心理谜底》	严育洪	30.00
校本研修系列	46	《徜徉语文教研》	肖俊宇	35.00
	47	《校本研修资源的开发与利用》	陈朝林	30.00
	48	《校本研修与教师专业成长》	吴积军	30.00
	49	《卓越教师经典研修成长策略》	刘天宝等	30.00
	50	《特色校本课程开发范例解读》	刘永平　李秀伟 张雪梅	30.00
	51	《高效校本研修模型构建艺术》	刘素雁	30.00
	52	《走向实践的教研——中小学教育科研引领与应用》	江　敏	30.00

系列	序号	书　　名	主编	定价
名校系列	53	《让每个孩子都成志 ——清华附小主题阅读课程的实施探索》	窦桂梅	30.00
	54	《让每个孩子都成志 ——清华附小主题实践课程的实施探索》	窦桂梅	35.00
	55	《向着朝阳走去——清华附小合作办学实践探索》	窦桂梅	30.00
精彩课堂系列	56	《给孩子更好的数学课堂》	易增加	30.00
	57	《小学生阅读素养的提升策略》	邵巧治	35.00
	58	《从语文素养走向生命成长 ——小学语文读写课堂教学密码》	曾海玲	30.00
	59	《真实的品德课》	朱淑秀	30.00
	60	《英语课堂学习共同体——新型的师生交互学习场》	杨延从	30.00
	61	《指导自主学习——初中数学学与教的研究与实践》	刘其武	30.00
	62	《玩出精彩的课堂 ——小学低年级教与学方式转变研究》	陶红松	30.00
	63	《让生命之花自主绽放——语文个性化教学建构策略》	商德远	30.00
	64	《让学生亲历知识——主体参与下体验式学习的实施策略》	何世祥	30.00
教育思想者系列	65	《高效教学的道与术——陶继新教育讲演录》	陶继新	30.00
	66	《名校之道——陶继新对话名校长（1）》	陶继新	30.00
	67	《教育，一切从孩子出发》	黄　俭	30.00
教育管理力系列	68	《缔造唯美教育——延奎小学素质教育实施策略》	易增加	30.00
	69	《让普通学校崛起的20个细节——“生命为本”教育团队成长密码》	李其玉	30.00
	70	《“走”出教育的精彩：走动式学校管理文化构建》	罗　军	30.00
	71	《校长兵法：学校管理四十六计》	皮大鹏	30.00
班级文化系列	72	《活力班级的文化建设》	胡　珏	30.00
	73	《做幸福的班主任》	吕　丽	26.00
高效能教学系列	74	《高效能教师的10个好习惯（中学卷）》	张　瑾	30.00
	75	《让作文落地生根——提高写作实效的教学策略》	黄桂林	30.00
	76	《高效能作文教学5项修炼》	陈步华	30.00
	77	《高效能校长的10个好习惯》	张　勤	30.00
	78	《高效能教师的10个好习惯（小学卷）》	谢　英	30.00
	79	《高效能语文教学5项修炼》	王其华	30.00
新课程探索系列	80	《语文新课程的批判与重建》	葛桂斌	30.00

系列	序号	书名	主编	定价
美国名师教学译丛	81	《美国名师游戏教学本土化应用：幼儿园》	（美）玛西娅 L. 泰特 著 胡珍 瞿菁 编译	30.00
	82	《美国名师游戏教学本土化应用：小学英语》	（美）玛西娅 L. 泰特 著 杨永华 张心影 编译	30.00
	83	《美国名师游戏教学本土化应用：小学数学》	（美）玛西娅 L. 泰特 著 谢艳红 编译	30.00
	84	《美国名师游戏教学本土化应用：小学科学》	（美）玛西娅 L. 泰特 著 刘丽萍 编译	30.00
	85	《美国名师游戏教学本土化应用：小学社会》	（美）玛西娅 L. 泰特 著 姜梅芳 编译	30.00
	86	《美国名师游戏教学本土化应用：小学音体美》	（美）玛西娅 L. 泰特 著 尹立志 编译	30.00
鲁派名师名校·教育探索者系列	87	《悦读立人——校园阅读文化体系构建策略》	杨世臣	30.00
	88	《教育智慧何处来——一位特级教师的思考手记》	付立金	30.00
	89	《和雅文化——校本课程的创新构建》	汤善香	30.00
	90	《让个性绽放精彩——学校课程体系整合与创生》	谢建伟 徐淑萍	30.00
	91	《让每个学生都幸福——最能润泽生命的学校文化建设》	谢建伟 张新喜	30.00
生态化校园系列	92	《文化管理——构建生态和谐校园的必由之路》	付全新	30.00
	93	《点燃学习的激情——构建校园生态化学习型组织》	杨树岳	30.00
	94	《课改突围——构建学校生态化教学体系》	杨树岳	30.00
教育新思考系列	95	《语文教育向何处去》	王从	26.00
	96	《教育，就是做好普通的事》	孙志毅	27.00
	97	《走出语文的偏见——让学生体悟文本的原义》	丛智芳	30.00
	98	《让语文教学更高效——批注式阅读教学探索》	韩中凌	30.00
	99	《读写互促——探寻学以致用的语文教学》	曹龙	30.00
	100	《跳出数学教数学——用文化融通数学教学》	马建秀	27.00
名师感悟系列	101	《让心灵伴着歌声成长——22 位音乐名师的教育智慧》	陈璞	30.00
	102	《超越自我的教师——32 位名师的成长感悟》	李卫东 李秀伟	35.00
	103	《心灵的守护者——19 位名班主任的教育智慧》	王晓松 曲文弘	30.00
	104	《名师感悟班主任有效工作艺术 90 例》	符礼科	30.00
	105	《名师感悟有效教学 90 例》	林高明 徐玉烟	30.00
信息化教学系列	106	《巧用白板教语文——信息技术与语文教学操作指南》	蒋丽清	30.00
	107	《跨越式实现高效课堂 ——信息技术与课程整合高效教学方案评析》	陈玲 刘禹	30.00

系列	序号	书名	主编	定价
教师必读系列	108	《教师必学的 16 堂修养课》	武宏伟	30.00
	109	《教师不可不知的教学心理效应》	叶勇军	30.00
	110	《班主任不可不知的管理效应》	奚一琴	30.00
	111	《教师不可不知的教育心理效应》	孙　媛	30.00
	112	《校长不可不知的管理效应》	谢申刚　张金豹	30.00
	113	《成为好教师的 7 项修炼》	王福强　李维华	30.00
	114	《如何让学生会学习》	龙　冰	30.00
	115	《如何让学生爱学习》	周震宇　许小燕	30.00
核心教学主张系列	116	《新生代语文名师核心教学主张》	许友兰	30.00
行思讲坛系列	117	《灵动而朴素地教语文——潘文彬的微格教育生活》	潘文彬	30.00
	118	《师爱无疆——润泽学生心灵的教育故事》	侯忠彦	30.00
	119	《怎样反思更有效 ——促进教师专业发展的反思策略》	诸贝贝	30.00
	120	《成为高度自觉的教育者——写给后课标时代的数学教师》	许卫兵	30.00
	121	《哲思数学课》	刘全祥	30.00
	122	《智慧数学课——黄爱华教学思维的实践策略》	黄爱华	30.00
	123	《童趣数学课》	徐　芳	30.00
	124	《把学生教聪明》	严育洪	30.00
	125	《教师最应该规避的教育误区》	杨坤道	30.00
	126	《用语文的方式教语文——潘文彬教学主张与实践智慧》	潘文彬	30.00
	127	《怎样让阅读教学更有效 ——提升教学能力的十种读诵模式》	汪秀梅	28.00
	128	《让生命在润泽中起舞 ——当代小学生最需要的主题班会》	吴联星　罗　琳 冯卫东	30.00
	129	《让生命欢快拔节 ——当代中学生最需要的主题班会》	冯卫东　吴联星	30.00
	130	《课堂因生成而精彩——高效教学的生成智慧》	张文质	30.00
	131	《回到每一个人的生命化教育 ——张文质二甲中学教育行动录》	张文质	30.00

系列	序号	书　　　名	主编	定价
中国教育变革之路丛书	132	《百年树人师何为——教师队伍建设困顿与出路》	将丽珠　李玉向	30.00
	133	《入园何时不再难——学前教育困惑与抉择》	曾晓东 范　昕　周　慧	30.00
	134	《三尺书桌何处寻——流动人口子女教育困难与破解》	范先佐	30.00
	135	《苦旅何以得纾解——高考改革困境与突破》	郑若玲	30.00
	136	《择校纠结何时了——择校问题困局与治理》	曾晓东　周文海 曾娅琴	30.00
创新教学思想系列	137	《“大问题”教学的形与神》	黄爱华　张文质	30.00
教育漫笔系列	138	《课堂，诗意地栖居》	吴书华	30.00
教学提升系列	139	《有思想地教阅读——让学生学会品读文字真意》	王学东	30.00
教育艺术提升系列	140	《藏在师生体态语言里的教学智慧》	张　宇　廖生波	30.00
教学全手册系列	141	《小学习作教学全手册》	郭家海	30.00
	142	《中学写作教学全手册》	郭家海	30.00
	143	《情境教学操作全手册》	冯卫东	35.00
	144	《合作教学操作全手册》	李春华	35.00
	145	《探究教学操作全手册》	周新桂	35.00
	146	《自主教学操作全手册》	诸葛彪	35.00
	147	《创新教学操作全手册》	王　玮	35.00
	148	《班主任工作全手册》	刘沛华	35.00
	149	《新教师工作全手册》	周震宇	35.00
	150	《学生心理健康教育全手册》	刘海莉　刘春杰	35.00
	151	《高效教学操作全手册》	马友平	35.00

系列	序号	书　　名	主编	定价
创新人才培养系列	152	《创新人才培养校园科普精品课程开发与指导 ——人大附中创新人才培养》	罗　滨	30.00
	153	《创新人才培养特色校本课程开发与创新人才培养 ——清华附中“国际安全下的科学技术”课程构建与实施》	王殿军　方　研 赵宏雁	30.00
	154	《创新人才培养：学校实验室建设与管理》	刘克文 杨发丽　杨　平	30.00
	155	《创新人才培养：数学探究活动开发与指导》	马云朋　韩继伟	30.00
	156	《创新人才培养：化学研究活动开发与指导》	王　磊	30.00
	157	《创新人才培养：物理探究活动开发与指导》	廖伯琴	30.00
	158	《创新人才培养：地理探究活动开发与指导》	张建珍　陈　澄	30.00
	159	《创新人才培养：生物探究活动开发与指导》	张迎春	30.00
	160	《创新人才培养：理念探索与思维突破》	王晶莹	30.00
新生代通派名师系列	161	《简约数学教学》	许卫兵	30.00
	162	《语文教学的本真——情意课堂展现母语之美》	吴建英	30.00
	163	《语文课堂的理想追求——欢快达成三维目标》	董一红	30.00
	164	《阅读教学的真髓——意象构建读出文学的真美》	祝　禧	30.00
	165	《美术教育的真谛——审美人生教育让生命绚丽成长》	陈铁梅	30.00
	166	《语文教学的理想境界——无痕教学润泽生命》	李　凤	30.00
	167	《儿童作文的本义——嬉乐作文让儿童乐并成长着》	王笑梅	30.00
	168	《名师是怎样炼成的》	王建明　王笑君	35.00
幼师成长系列	169	《幼儿行为背后——教师如何读懂幼儿的心思》	吴亚英	30.00
	170	《最具教育力的22种幼儿教育思想》	杨　达	30.00
	171	《幼儿教师必知的安全应急措施》	杨　达	30.00
	172	《幼儿教师必备的教育技能》	李　玲	30.00
	173	《卓越园长21条幼儿园管理策略》	周　丹　江东秋	30.00